EL CALVINISMO:

NADIE SE ATREVE A LLAMARLO HEREJÍA

EL CALVINISMO:

NADIE SE ATREVE A LLAMARLO HEREJÍA

UN ENFOQUE EN LA VIDA Y LAS
ENSEÑANZAS DE JUAN CALVINO

BOB KIRKLAND D.D.

LIGHTHOUSE TRAILS PUBLISHING
EUREKA, MONTANA, EE.UU.

Calvinismo: None Dare Call It Heresy
El calvinismo: Nadie se atreve a llamarlo herejía
C 2018 Bob Kirkland, D.D.
2a edición
Lighthouse Trails Publishing, Inc.
P.O. Box 908
Eureka, Montana 59917 EE.UU.
www. lighthousetrails.com

Todos los derechos reservados. Ninguna parte de este libro puede ser reproducida, guardada en un sistema de recuperación o transmitida de ninguna manera, sea en forma electrónica, mecánica, fotocopia, grabación o de otra manera, sin previo permiso por escrito de la editorial. Las citas y artículos utilizados se conforman a la ley U.S. Fair Use Act, que no requiere permiso. Los versículos bíblicos son de la Santa Biblia, Versión Reina-Valera 1960. La fotografía de la carátula de Alamy.com se utiliza con permiso. El diseño de la carátula y su interior por Lighthouse Trails Publishing.

Impreso en los Estados Unidos de América

Contenido

INTRODUCCIÓN   9

1/ ¿DE DÓNDE VINO LA TEOLOGÍA DE CALVINO?   13

2/ EL ESTILO DE VIDA DE JUAN CALVINO   17

3/ CAMBIANDO EL SIGNIFICADO DE LAS PALABRAS PARA PROMOVER UNA TEORÍA   25

CHART/¿QUÉ ES T.U.L.I.P.? (SU SIGLA EN INGLÉS)   34

4/ UNA ANALOGÍA TONTA PARA APOYAR AL CALVINISMO   35

5/ CREADOS PARA ESCOGER Y RAZONAR   43

6/ DISTORSIONAR LAS ESCRITURAS PARA ENSEÑAR UNA HEREJÍA   57

7/ LA PERSEVERANCIA DEL CALVINISMO   73

8/ SIN NINGUNA SEGURIDAD DE LA SALVACIÓN   79

9/ ¡PIÉNSELO BIEN!   85

10/EN CONCLUSIÓN   89

APÉNDICE I: ¿DEBEN LOS CRISTIANOS EXPONER EL ERROR?   91

APÉNDICE II: UNA PERSPECTIVA BÍBLICA SOBRE LA SALVACIÓN   95

APÉNDICE III: UNA PERSPECTIVA BÍBLICA SOBRE CONTENDER POR LA FE   103

NOTAS FINALES   111

Y todo aquel que invocare
el nombre del Señor
será salvo. (Hechos 2:21)

INTRODUCCIÓN

LLAMAR A ALGO HEREJÍA ES CLARAMENTE UNA acusación muy fuerte, y nunca debe hacerse livianamente. Para que algo se clasifique como una herejía, tiene que ser una desviación de las enseñanzas fundamentales de la Biblia. Nada puede ser más serio que una desviación del mismo Evangelio. El calvinismo, como demostraré en este libro, realmente presenta "otro evangelio".

Las Escrituras toman muy en serio la herejía. Según la concordancia *Strong's Concordance*, y *Thayer's Lexicon*, el significado de herejía es "una acción hecha a propósito", "una opinión que varía de la verdadera exposición de la fe cristiana", y "un grupo de hombres que se separan de otros y siguen su propio dogma".[1] Muchos versículos de las Escrituras nos mandan a no permitir que la herejía o doctrinas falsas se promuevan en la iglesia. Aunque las Escrituras claramente nos enseñan esto, muchas veces se hace caso omiso, o ponemos por encima "la unidad".

En Tito 3:10, Pablo dice "Al hombre que causa divisiones, después de una y otra amonestación, deséchalo". Notemos la palabra "amonestación". Es una palabra que se utiliza en referencia a los creyentes. Romanos 15:14 refiere a cristianos cuando dice "amonestaros los unos a los otros". 2 Tesalonicenses 3:14-15 dice, "Si alguno no obedece a lo que decimos por medio de esta carta, a ése señaladlo, y no os juntéis con él, para que se avergüence. Mas no lo tengáis por enemigo, sino amonestadle como a hermano".

Hoy en día, muchas iglesias, ministerios y seminarios están promoviendo el calvinismo. El propósito de este libro es demostrar que la enseñanza de Juan Calvino (o sea, el calvinismo), es realmente herejía según la definición de la Biblia. Una reacción inmediata de algunos es pensar que estoy sugiriendo que todos los calvinistas van rumbo al infierno. No es así; pero voy a demostrar que el camino a la salvación se hace más difícil, si no imposible , para los que aprenden y siguen las enseñanzas del calvinismo. Por esta causa, muchos se dan por vencidos y buscan otro camino. Claro que hay muchas personas que se llaman calvinistas que tienen poco entendimiento sobre lo que el calvinismo realmente enseña, o sobre su historia.

A la vez que los estudiosos del calvinismo sostienen que es algo complejo (y ellos mismos han creado un sistema complejo), los rudimentos son muy básicos y fáciles de entender. Durante los últimos cuarenta años, he dedicado mucho tiempo al estudio del calvinismo, y además, concentradas horas adicionales en preparación para escribir este libro. Entonces, a pesar de todo lo que es complejo, un entendimiento claro es lo que presento en *El calvinismo: Nadie se atreve a llamarlo herejía*.

Cuando se desarrolla cualquier plataforma teológica, es clave tener un fuerte fundamento bíblico. En el caso del calvinismo, es construido sobre un fundamento de deducciones erróneas referente al significado de las palabras. En todos los materiales del calvinismo que he leído, he encontrado contradicciones constantes entre los escritores; y los significados de las palabras de la Biblia han sido cambiados y redefinidos para hacer funcionar el calvinismo.

Juan Calvino enseñó que Dios se glorifica por medio de hacer nacer billones de personas en el mundo, con el único propósito de quemarlos en el infierno por toda la eternidad. Este cuadro por si solo da un punto de vista de Dios que no se encuentra en ninguna parte de las Escrituras. No solo representa erróneamente a Dios, sino que también crea una plataforma sobre el cual se ha edificado "otro evangelio" que es fatalista y que hace el sacrificio de Cristo inalcanzable para cualquiera que quiera llegar a El. La salvación ya no es cuestión de una decisión. Además, el calvinista nunca puede saber si él o ella sea o no uno de los "elegidos"; el "Evangelio" calvinista está puesto sobre un fundamento de duda en lugar de la creencia bíblica en el sacrificio de Cristo como nuestro sustituto en el Calvario. Si eso no constituye herejía, ¿qué es?

La predestinación quiere decir el decreto eterno de Dios, por el cual El determina consigo mismo todo lo que quiera que ocurra con cada hombre. No todos son creados en términos iguales, sino que algunos son predestinados para la vida eterna, otros para la perdición eterna; y así, como cada uno ha sido creado para uno u otro de estos destinos, podemos decir que ha sido predestinado para vida o para muerte.[2] —Juan Calvino

1

¿DE DÓNDE VINO LA TEOLOGÍA DE CALVINO?

CUANDO UN PREDICADOR SE ENCUENTRA CON OTRO PREDICADOR por primera vez, usualmente en poco tiempo se trata el tema de dónde recibió cada uno su preparación bíblica. La respuesta da mucha información sobre la teología y la filosofía del ministerio de cada persona. En cuanto a la educación espiritual de Juan Calvino, él mismo dijo:

> Agustino está unido conmigo a tal punto, que si yo quisiera escribir una confesión de mi fe, me satisfaría abundantemente poder citar sus escritos en su totalidad.[1]

¿QUIÉN ERA AGUSTINO, Y QUÉ CREÍA?

A veces se refiere a Agustino (354-430) como el "padre de la Inquisición", porque él estableció el precedente de que la fuerza y la represión podrían usarse para parar y controlar a los que se consideraban herejes:

> El emperador, argumentó (Agustino), tenía el deber de reprimir las cismas y la herejía, hasta el punto de poner presión sobre los herejes para obligarlos a convertirse. "Fuérzalos a entrar", (Lucas 14:23) fue dado un nuevo e inesperado significado. Agustino había llegado a ser el padre de la Inquisición.[2]

Refiriéndose a los que Agustino consideraba ser herejes, dijo lo siguiente:

> ¿Por qué . . . no puede la Iglesia usar la fuerza para obligar el regreso de sus hijos perdidos, si los hijos perdidos fuerzan a otros para su destrucción?[3]

Agustino también tenía muchas creencias que se alineaban más con el catolicismo que con el cristianismo bíblico.

Referente al bautismo de los infantes, Agustino dijo:

> Entonces, los infantes, a menos que pasen a unirse a los creyentes porel sacramento (del bautismo), que fue hecho providencialmente con este propósito, indudablemente quedarán en esta oscuridad.[4]

> En nuestra opinión, no hay ninguna salvación eterna prometida a los infantes sin el bautismo de Cristo.[5]

> . . . a menos que este beneficio (el bautismo) haya sido puesto sobre ellos, (los infantes), están claramente en peligro de perdición.[6]

> Los infantes no bautizados no solo son excluidos de entrar en el reino de Dios, sino que no pueden tener la vida eterna.[7]

Agustino también dijo cosas que sugieren que creía que María estaba sin pecado, como se ve en su libro *On Nature and Grace* (*Sobre la naturaleza y la gracia*), en el capítulo 42, titulado "La bendita virgen María pudo haber vivido sin pecado".[8] También, creía en el purgatorio.[9]

Referente a la salvación, Agustino dijo:

> No debo creer el evangelio aparte de ser movido por la autoridad de la Iglesia Católica.[10]

El hizo esta declaración porque creía que la única iglesia verdadera era la Iglesia Católica Romana. El declaró:

> Únicamente la Iglesia Católica es el cuerpo de Cristo . . . Fuera de este cuerpo, el Espíritu Santo no da vida a nadie.[11]

Este es el hombre sobre el cual Juan Calvino basó su entendimiento de la Biblia. Según Agustino, toda persona fuera de la Iglesia Católica va al infierno. ¿No entendió Calvino que eso le habría incluido a él?

UN RECIÉN CONVERTIDO DEL CATOLICISMO

Dentro de apenas dos años después que Calvino se proclamó protestante, publicó su famoso *Institutes of the Christian Religion* (*Institutos de la religión cristiana*). En todos los escritos de Calvino, no se encuentra un testimonio claro de su experiencia de salvación. Una declaración de su "conversión" solo puede encontrarse en su libro, *Commentary on the Psalms* (*Comentario sobre los salmos*), donde escribe:

> Dios por una conversión súbita (refiriéndose a su salida repentina de la Iglesia Católica a los 23 años) ordenó mi mente, y la llevó a un sentir enseñable, que estaba más endurecida en esos temas de lo que se podría pensar posible para alguien en el período joven de su vida. De esta manera, tras haber recibido una muestra y conocimiento de la verdadera piedad, yo inmediatamente ardía con un deseo muy intenso de progresar en ella, haciendo que no dejara totalmente otros estudios pero los proseguí con menos ardor.[12]

Si aceptamos que su vago testimonio intelectual de salvación fuera una experiencia genuina de salvación, habría sido cristiano por solamente dos años antes de escribir su *Institutos*, que ha sido un recurso fundacional para el calvinismo actual.

Es interesante notar que durante ese mismo período de dos años, este hombre tan apreciado por muchísimos cristianos hoy en día, siguió recibiendo sueldo de la Iglesia Católica durante por lo menos un año.[13]

2

EL ESTILO DE VIDA DE JUAN CALVINO

BERNARDO COTTRET, PROFESOR UNIVERSITARIO en Francia, escribió un libro titulado, *Calvin: A Biography* (*Calvino: Una biografía*) en el cual claramente demuestra su admiración de Calvino en varias áreas. Entonces, el hecho que Cottret no es lo que se puede llamar un crítico de Calvino da más credibilidad a la cifra de las más de 36* ejecuciones relacionadas con Calvino, directa o indirectamente, presentadas en su libro. Cottret documenta las fechas de las ejecuciones y los métodos de la persecución, torturas y ejecuciones. Describe el período de tiempo cuando Calvino tenía mucha autoridad en Ginebra. Y cuando Calvino denunciaba a alguien como hereje (que a veces solo procedía de una crítica o mero

---

*Algunas fuentes de información sobre las ejecuciones relacionadas con Calvino han dado cifras tan altas que 58.

cuestionamiento de las enseñanzas de Calvino), esa persona era perseguida. Cottret describe el ambiente de esa época:

> El temor a la hechicería y de los herejes causó rápidamente una cantidad de bárbaros castigos: el encarcelamiento, la tortura y la hoguera.[1]

Hombres y mujeres por igual sufrieron los encarcelamientos con torturas y muertes.

TRES EJEMPLOS DE LAS PERSECUCIONES DE CALVINO

Jacques Gruet, conocido oponente de Calvino, fue arrestado y torturado dos veces al día, buscando su confesión de las acusaciones en su contra. Entonces, el 26 de julio de 1547, le ataron a una estaca, clavaron allí sus pies, y lo decapitaron.[2]

Más adelante, el libro de Gruet fue encontrado y quemado juntamente con su casa, mientras que su esposa fue echada a la calle para observar el hecho. Esta clase de procedimiento no estaba lejos de lo común para los que se atrevían a desafiar a Calvino o a manifestar su desacuerdo con él:

> Gruet fue torturado muchas veces (444) durante muchos días . . . En realidad, este uso de semejante tortura desmedida fue en Ginebra una innovación de Calvino. Gruet rehusó bajo la tortura más fuerte incriminar a alguien más, pero finalmente buscó terminarla, declarándose culpable de todos los cargos, orando en su extrema agonía por una muerte rápida. El 26 de julio de 1547, su cuerpo medio muerto fue decapitado en la estaca, con el tronco atado allí y sus pies pegados con clavos. Así fueron los métodos judiciales y

las misericordias de un cristianismo reformado, guiados por un reformador principal.³

Michael Servetus, científico, médico y teólogo, nació en Villanova en 1511. El provocó la ira de Calvino por regresarle una copia de algo que Calvino escribió, con comentarios críticos apuntados en los bordes. Calvino escribió una doctrina de más de treinta cargos oficiales contra Servetus, uno de los cuales fue el rechazo de la enseñanza de Juan Calvino sobre el bautismo de infantes para procurar su salvación. Después de cinco días de juicio, Calvino escribió, "Espero que la pena de muerte sea puesta sobre él".⁴ También escribió sobre Servetus, "Si él llega donde estoy, y mi influencia pueda imponerse, no le permitiré salir con vida".⁵

Calvino consiguió su deseo el 27 de octubre de 1553. Servetus fue quemado en la hoguera, gritando en agonía, mientras fue asado vivo desde los pies hacia arriba, sufriendo las llamas durante treinta minutos antes de sucumbir a una de las muertes más brutales y dolorosas que puede existir.

Servetus había escrito un libro de teología, y durante su ejecución le ataron a su pecho una copia. Las llamas del libro subieron en su rostro mientras en agonía lloraba a gritos.⁶

Aunque es verdad que Michael Servetus definitivamente tenía algunas enseñanzas no bíblicas, como su rechazo de la Trinidad, el finado apologista Dave Hunt escribió que él tenía razón en ciertas cosas, incluyendo que Dios no predestina a algunas almas para el infierno, y que Dios es amor".⁷

Algunos han tratado de decir que Calvino no fue responsable por la manera cruel que Servetus fue ejecutado, y que solamente había querido que Servetus fuera decapitado (obviamente una ejecución menos dolorosa). Sobre eso, Brenda Nickel, una ex–calvinista que aparece en un documental sobre la teología reformada, provee detalles:

> Calvino guardaba una larga enemistad contra Servetus. Sin sabiduría, Servetus se había mofado de Calvino a través de cartas. Entonces, Calvino exigió que fuera arrestado y puestos cargos en su contra cuando entrara en Ginebra. Calvino quiso que le dieran la pena de muerte. Servetus le rogó a Calvino que lo decapitara en vez de ser quemado en la hoguera; y Calvino aceptó la idea. Si Sevetus moría decapitado en lugar de ser quemado, entonces no podrían culpar a Calvino. La decapitación en este caso era preferida por Servetus y Calvino. Este castigo sería visto como el castigo de un crimen civil, y Calvino quedándose libre de tener sangre en las manos. El reformador William Farel recriminó a Calvino por este pensamiento, porque la naturaleza del cargo era religiosa y no civil; entonces Servetus fue quemado en la hoguera.
>
> Melanchthon (amigo y sucesor de Lutero) alabó a Calvino por la muerte de Servetus. Esta ejecución literalmente lanzó a Calvino a la fama por toda Europa. Lo puso en el mapa, como dice el refrán, como un reconocido y respetado reformador.[8]

Aparentemente, Calvino sentía la necesidad de apaciguar la culpa que él sentía por los homicidios que él mismo había ayudado a establecer.

Bernard Cottret también escribió sobre la persecución del anabaptista Belot:

> A la vez que compartía los prejuicios de sus contemporáneos contra los hechiceros, Calvino se

mantuvo dedicado a una de las misiones principales de la iglesia, la de denunciar la herejía y condenar a los herejes. Para Calvino, los más grandes herejes eran los anabaptistas. Ellos eran el enemigo interno, tal como los papistas que desde afuera amenazaban el desarrollo de la "verdadera fe". Los papistas, sin embargo, no eran herejes en el sentido más estricto; sus errores eran conocidos, casi programados, y mayormente menos peligrosos que los pensamientos originales que en sí amenazaban afectar el mundo reformado. En 1545, el anabaptista Belot sostuvo que el Antiguo Testamento fue abolido por el Nuevo. Este punto de vista puede debatirse teológicamente, pero no justificaba la tortura infligida sobre el pobre Belot después que fue encadenado y sus críticas contra Calvino ridiculizadas.[9]

Gruet, Servetus, y Belot no fueron las únicas personas perseguidas por hablar contra Juan Calvino y sus institutos:

> Con control dictatorial sobre la población ("él mandó como pocos soberanos han hecho") Calvino impuso su clase de cristianismo sobre los ciudadanos con azotes, encarcelamientos, destierros, y muertes por hoguera. Calvino ha sido llamado "el papa protestante" y "el dictador de Ginebra" que "toleraba las opiniones de una sola persona, las de él mismo".[10]

Me sorprende inmensamente que alguien pensara que Dios utilizaría a un hombre como Calvino para ser un gran líder del cristianismo.

En 1 Corintios 11:1, Pablo dijo, "Sed imitadores de mí, así como yo de Cristo". ¿Fue Juan Calvino un imitador de Cristo en sus acciones? No veo ninguna respuesta a esta pregunta fuera de un contundente "¡de ninguna manera!"

CRISTO NUESTRO EJEMPLO

Jesús dijo en Mateo 5:44, "Pero yo os digo: Amad a vuestros enemigos, bendecid a los que os maldicen, haced bien a los que os aborrecen, y orad por los que os ultrajan y os persiguen".

Jesús fue perseguido durante más de treinta años, y finalmente, crucificado. En Lucas 23:34, leemos cómo Jesús respondió a Sus enemigos. Dijo, "Padre, perdónalos, porque no saben lo que hacen". Y en Juan 13:15, Jesús dijo, "Porque ejemplo os he dado, para que como yo os he hecho, vosotros también hagáis".

Dave Hunt, que escribió el desenmascaramiento de Calvino, *What Love is This?* (*¿Qué amor este eso?*), dijo:

> Tal vez Calvino pensó ser un instrumento de Dios para imponer Gracia Irresistible (una doctrina clave del calvinismo) sobre los ciudadanos de Ginebra, Suiza—aun sobre los indignos, al resistir hasta la muerte. El indudablemente hizo lo más que pudo, para ser implacable al imponer "justicia", pero lo que él impuso y su manera de hacerlo eran muy lejos de la gracia, las enseñanzas y el ejemplo de Cristo.*[11]*

EJEMPLOS DE LOS SEGUIDORES DE CRISTO

Los perseguidores de Esteban no le criticaron con notas escritas en su bosquejo de predicación, sino que aplastaron su cabeza con piedras. El gritó fuertemente, "Señor, no les tomes en cuenta este pecado" (Hechos 7:60). Cuando Pedro, Santiago, Juan y Pablo fueron perseguidos, no desearon vengarse de sus perseguidores. Respondieron como personas controladas por el Espíritu Santo. "Mas el fruto del Espíritu es amor . . . " (Gálatas 5:22). Calvino no tenía verdaderos perseguidores, pero respondió a sus opositores con torturas brutales, encarcelamientos, y matanzas.

Los cristianos nacidos de nuevo y guiados por el Espíritu Santo nunca esperan que una sentencia de muerte sea puesta sobre sus perseguidores, como hacía Calvino contra la gente que estaba en desacuerdo con él.

¿CUÁL ESPÍRITU CONTROLABA A JUAN CALVINO?

La enseñanza principal del calvinismo es la de la "elección", queriendo decir, que la mayoría de las personas que Dios creó, no fue elegida para ser salva, ni tampoco amada por El. Bajo el punto de vista calvinista de la elección, donde Dios no ama a todo ser humano, ni desea que cada uno llegue a la fe y la salvación, es lógico que Juan Calvino no tenía el amor de Dios hacia los que él vio como su prójimo inconverso. Después de todo, si Dios no amara a cada persona, ¿por qué tendría que hacerlo él? Es esta clase de razonamiento que haría fácil que Calvino justificara la tortura y la muerte de personas que, a su juicio, eran herejes.

Pero la Biblia dice que Dios es amor. También, El es santo, verdadero, fiel, y justo. Así es el fruto del Espíritu Santo descrito en Gálatas 5:22; y el primero en la lista es el amor.

Es difícil no creer que Juan Calvino estuviera bajo la influencia de otros espíritus diferentes al Espíritu Santo. El lector tendría que buscar con detención y tiempo para encontrar algo en los escritos de Juan Calvino sobre el amor. Y ciertamente no es obvio en su estilo de vida.

Bob Kirkland

3

CAMBIANDO EL SIGNIFICADO DE LAS PALABRAS PARA PROMOVER UNA TEORÍA

LA ÚNICA MANERA PARA LOS CALVINISTAS DE APOYAR su teoría en la Biblia es de cambiar el significado de las palabras de ella, o tomarlas fuera de su contexto. Cuando un calvinista enseña "cualquier que quiera", él está diciendo "el que Dios quiera". El calvinista Arthur (A.W.) Pink (1886-1952), quien "provocó un nuevo interés en la exposición del calvinismo",[1] escribió, "El hecho es que el amor de Dios es una verdad únicamente para los santos".[2] El dijo:

> El "mundo" en Juan 3:16 tiene que referirse, en el análisis final, al mundo del pueblo de Dios.[3]

Cuando un calvinista habla de la "soberanía" de Dios, tiene su propia definición de la palabra *soberanía* (también de la palabra *depravación*). El diccionario *Easton's Bible Dictionary* dice que la soberanía de Dios es "Su derecho absoluto de hacer todas las cosas de acuerdo con Su propio buen placer".[4]

Dios, en Su soberanía, con Su derecho absoluto de hacer todas las cosas de acuerdo con Su propio buen placer, ha establecido algunas leyes para la humanidad. Por ejemplo, la Biblia dice, "Si no os arrepentís, todos pereceréis igualmente", (Lucas 13:3). Dios, en Su soberanía, ha determinado que el pecador que no se arrepiente no tendrá la vida eterna.

Considerando que la palabra "soberanía" no se encuentra en la Biblia, y en vista del verdadero significado de la palabra, en lugar del significado distorsionado de Calvino (que él necesitaba tener para sostener su teoría), vemos que Dios no es menos soberano porque El, según Su propio buen placer, le da al hombre el libre albedrío que le permite arrepentirse de sus pecados y recibir a Cristo como su Salvador.

Otra vez, cuando A.W. Pink dice que el "mundo" de Juan 3:16 tiene que referirse, en el análisis final, al "mundo del pueblo de Dios", prosiguió diciendo que "Tenemos que decirlo así, porque no hay otra solución alternativa".[5] El diccionario dice que una solución es "la resolución de un problema". Juan 3:16 no presenta ningún problema, aparte de un calvinista que necesita una "solución" para apoyar su teoría.

Los escritores calvinistas han hecho muchas declaraciones de que Dios ha decretado todo lo que va a pasar en este mundo, desde el pecado de Adán hasta la condenación de billones de personas al infierno. La única manera para los calvinistas mantener su herejía es cambiar las palabras "mundo" y "todo aquel" a "los elegidos". Como el calvinismo puede cambiar estas palabras en Juan 3:16, debe ser que también pueden cambiar las palabras de Juan 15:18-19.

UTILIZAR LA "SOLUCIÓN" DEL CALVINISMO PARA JUAN 15:18-19

Juan 15:18-19 dice:

> Si el mundo os aborrece, sabed que a mí me ha aborrecido antes que a vosotros. Si fuerais del mundo, el mundo amaría lo suyo; pero porque no sois del mundo, antes yo os elegí del mundo, por eso el mundo os aborrece.

Utilizando la "solución" calvinista de cambiar la palabra "mundo" como hicieron en Juan 3:16 para significar los elegidos, Juan 15:18-19 tiene que leerse así:

> Si los elegidos os aborrecen, quienes son los elegidos, sabed que los elegidos me odiaban antes que los elegidos os odiaban los elegidos. Si Vosotros los elegidos fuerais de los elegidos, los elegidos amarían sus propios elegidos: pero porque vosotros elegidos no son de los elegidos, pero os he escogido vosotros elegidos de los elegidos, entonces los elegidos os aborrecen los elegidos quienes son los elegidos.

Sin duda, esta es una traducción necia del versículo; sin embargo, no es más necio que la interpretación calvinista de Juan 3:16.

La palabra "mundo" se encuentra más de 240 veces en la Biblia. Obviamente unas pocas veces, la palabra griega tiene diferentes significados; sin embargo, la palabra "mundo" nunca significa los supuestos "elegidos" de Calvino. ¡Nunca! La única razón para rechazar el claro significado normal de las palabras "todo aquel" o "mundo" de Juan 3:16 es apoyar la herejía de Calvino.

TODO SIGNIFICA TODO

Josué 6:3 dice " . . . .*todos* los hombres de guerra".

Salmo 31:23 dice " . . . *todos* vosotros sus santos".

Salmo 31:24 dice " . . . *todos* vosotros los que esperáis en Jehová".

Salmo 32:11 dice " . . . *alegraos* . . . justos".

Salmo 134:1 dice " . . . *vosotros* todos los siervos de Jehová".

Lucas 13:27 dice " . . . *todos* vosotros, hacedores de maldad".

Romanos 5:12 dice " . . . *todos* pecaron".

Gálatas 3:8 dice " . . . *todas* las naciones".

Apocalipsis 19:5 dice "*todos* sus siervos, y los que le teméis". (Énfasis añadida en los versículo arriba.)

Nadie argumenta que "todos" no signifique "todos" en Romanos 5:12, cuando dice que " . . . todos pecaron". La única razón para sugerir que "todo" significa algo diferente en Hechos 17:30, cuando Dios ordena que "todos los hombres en todo lugar, que se arrepientan" es porque los calvinistas necesitan cambiar esto para proveer una "solución" para apoyar su punto de vista.
Escuchemos esta doble habladuría de A.W. Pink, cuando él dice:

Que Dios exigiera que "todos los hombres" se arrepientan solo refuerza Su justo derecho como el Gobernador moral del mundo.[6]

Lo que dice Pink aquí es que Dios no es sincero cuando El dice "todos los hombres en todo lugar, que se arrepientan", sino que lo dice para mostrar qué tan justo y moral es.

Después, Pink utiliza Hechos 5:31 para decir:

Esta Escritura no declara que es el placer de Dios para "dar arrepentimiento" (Hechos 5:31) a todos los hombres en todo lugar.[7]

Pero veamos lo que realmente dice Hechos 5:31:

A éste, Dios ha exaltado con su diestra por Príncipe y Salvador, para dar a Israel arrepentimiento y perdón de pecados.

En este pasaje de las Escrituras, Pedro y los apóstoles declararon al sumo sacerdote y al concilio que Dios había hecho a Jesús Príncipe y Salvador, para dar arrepentimiento y perdón de pecados a Israel. Su audiencia era judía, entonces sus palabras se referían a los judíos a quienes se dirigían, pero no estaban diciendo que los judíos serían los únicos para recibir la salvación y el perdón.

Pero Pink usa este versículo para apoyar su teoría que no sea el placer de Dios de "dar arrepentimiento" a todos los hombres en todo lugar. Cuando lleva Hechos 5:31 totalmente fuera de su contexto, es posible que Pink no entendiera que cuando buscó utilizar este versículo para sostener su propia teología, en realidad estaba diciendo que los judíos serían los únicos que podrían ser salvos. Así, todos los gentiles terminarían en el infierno. Eso incluiría al mismo Pink. Como definitivamente no hay nada de libre albedrío en el calvinismo, no hay nada que nadie pueda hacer para cambiar eso.

MÁS VERSÍCULOS UTILIZANDO LA "SOLUCIÓN" DEL CALVINISMO DE CAMBIAR LAS PALABRAS

1 Juan 2:2 dice: "Y él es la propiciación por nuestros pecados; y no solamente por los nuestros, sino también por los de todo el mundo" (énfasis añadido).

La "solución del calvinismo"—Y él es la propiciación por los pecados de los elegidos: y no solo los elegidos, sino también por los pecados de los elegidos.

Esdras 8:22 dice: La mano de nuestro Dios es para bien sobre todos los que le buscan; mas su poder y su furor contra todos los que le abandonan.

La "solución del calvinismo"—La mano de nuestro Dios está sobre todos los elegidos para bien de los que le buscan aunque no tengan libre albedrío para buscarle; pero su poder y su ira están contra los que se apartan de él, aunque estén muertos y no tengan libre albedrío para apartarse.

Salmo 10:4 dice: "El malo, por la altivez de su rostro, no busca a Dios". Salmo 11:6 dice "Sobre los malos hará llover calamidades; fuego, azufre y viento abrasador . . . "

La "solución del calvinismo"—Los malos, que no están entre los elegidos de Dios, por la altivez de su rostro, el orgullo que Dios puso en su corazón, no puede buscar a Dios; sin embargo, aunque Dios ha negado al malo no elegido la habilidad de buscar a Dios, El hará llover fuego, azufre y viento abrasador.

Salmo 13:5 dice: "Mas yo en tu misericordia he confiado; mi corazón se alegrará en tu salvación".

La "solución del calvinismo"—Pero no puedo confiar en tu misericordia porque estoy muerto y soy incapaz de confiar; mi corazón no puede alegrarse en tu salvación porque no puedo confiar en tu misericordia y además no tengo ninguna seguridad que tú me incluirás en tu misericordia.

LOS CALVINISTAS ENSEÑAN QUE TODOS LOS HOMBRES SON TOTALMENTE DEPRAVADOS

Es verdad que todas las personas tienen una naturaleza depravada y pecaminosa, y que ninguna persona merece la salvación. Sin embargo, la palabra "total" significa "totalmente, plenamente". La palabra "depravada" quiere decir "corrupto moralmente". Pero sugerir que todas las personas en el mundo sean "totalmente inmorales" es ridículo. Ninguno de los vecinos en mi calle confiesan ser salvos, pero este hecho no quiere decir que sean *totalmente* inmorales. No olvidemos que Dios ha puesto en cada persona una consciencia, de modo que hay un conocimiento o sentido de distinguir entre lo bueno y lo malo. Aun una persona inconversa puede sentir remordimiento y tristeza cuando ha hecho algo malo. Si fuera totalmente depravada, no tendría la capacidad de sentirlo (ver Romanos 1:19-20).

La Biblia habla numerosas veces de personas que son más corruptas que otras. Ezequiel 16:47 dice, "Te corrompiste más que ellas en todos tus caminos". Jueces 2:19 dice que ellos.

"Se corrompían más que sus padres". 1 Reyes 16:25 dice, "Omri . . . hizo peor que todos los que habían reinado antes de él". Jeremías 7:26 dice, " . . . hicieron peor que sus padres".

Sin embargo, tenemos que recordar que los calvinistas tienen sus propios significados para las palabras. Para el calvinista, la depravación quiere decir "incapacidad total". El significado de incapacidad según el diccionario es *no tener la capacidad o estado de habilidad para hacer algo*. El calvinismo dice que, dado que toda la humanidad está muertaen pecados (Efesios 2:1-4), no pueden responder de ninguna manera para recibir a Cristo como su Salvador.

CITAS DE RECONOCIDOS CALVINISTAS

Un hombre muerto (espiritualmente) . . . no puede ejercer fe en Jesucristo".[8]—Gordon H. Clark

El pecador . . . es totalmente incapaz de decidir nada".[9] –A.W. Pink

Un cadáver no puede pedir auxilio.[10]—Arthur Custance

Al igual que en nuestro nacimiento físico, no podemos influir en nuestro nacimiento espiritual.[11]—A.W. Pink

Aun si el o ella sencillamente se arrepintiera y creyera el evangelio, la gracia de Dios estaría seriamente comprometida, aun inconscientemente.[12]—Sam Storms

El pecador por sí solo, no es capaz de recibir esa salvación ni desearla.[13]—Herman Hoeksema

La Biblia enfatiza la incapacidad total del hombre caído de responder en forma positiva a la ley de Dios.[14]—Kenneth Talbot y Gary Crampton

El pecador, por sí mismo, no puede arrepentirse y creer.[15]—A.W. Pink

¿QUÉ ES T.U.L.I.P.? (Su sigla en inglés)

T –"Total Depravación". El hombre es completa y totalmente depravado, sin ninguna capacidad para responder (arrepentirse o creer) a Dios hasta que sea antes "regenerado" por Dios.

U –"Unconditional Election/Elección Incondicional". Dios determinó antes de la fundación del mundo a quiénes iba a salvar o enviar al infierno. El hombre no tendría ninguna opción ni libre albedrío para aceptar o rechazar a Cristo como Salvador.

L—"Limitada Expiación". La propiciación de Cristo en la cruz no fue para todos, sino solamente para los "elegidos".

I –"Irresistible Gracia". La fe es algo que "Dios da en forma irresistible a los elegidos, sin ellos haber creído algo . . . el hombre, según este razonamiento . . . no puede ni oír el evangelio—mucho menos responder a los ruegos de Cristo.1

¿QUÉ ES T.U.L.I.P.?
(SU SIGLA EN INGLÉS)

T—"Total Depravación". El hombre es completa y totalmente depravado, sin ninguna capacidad para responder (arrepentirse o creer) a Dios hasta que sea antes "regenerado" por Dios.

U—"UnconditionalElection/Elección Incondicional". Dios determinó antes de la fundación del mundo a quiénes iba a salvar o enviar al infierno. El hombre no tendría ninguna opción ni libre albedrío para aceptar o rechazar a Cristo como Salvador.

L—"Limitada Expiación". La propiciación de Cristo en la cruz no fue para todos, sino solamente para los "elegidos".

I—"Irresistible Gracia". La fe es algo que "Dios da en forma irresistible a los elegidos, sin ellos haber creído algo...el hombre, según este razonamiento...no puede ni oír el evangelio—mucho menos responder a los ruegos de Cristo.[1]

P—"Perseverancia de los Santos". Esto es lo que los calvinistas dicen que les da la seguridad eterna; pero en realidad, "el énfasis es sobre la fidelidad del creyente en perseverar—no sobre el poder de Dios para sostenerle...la inseguridad en cuanto a tener últimamente la salvación es netamente parte del mismo calvinismo.[2]

4

UNA ANALOGÍA TONTA PARA APOYAR AL CALVINISMO

EFESIOS 2:1 DICE "Y ÉL OS DIO VIDA A VOSOTROS, cuando estabais muertos en vuestros delitos y pecados". Los calvinistas dicen, "Como él está muerto, es imposible que crea". ¡Esta es una analogía tonta! La Biblia aquí se refiere a la muerte espiritual, no la muerte física. En Génesis 2:17, Dios advirtió a Adán y Eva que no comieran el fruto prohibido. Él dijo, " . . . porque el día que de él comieres, ciertamente morirás". Ellos lo comieron, pero no murieron físicamente ese mismo día. Murieron espiritualmente. Una persona muerta físicamente no puede recibir a Cristo como su Salvador, pero tampoco puede hablar, respirar, reír, vivir una vida recta o pecar.

EL CARCELERO DE FILIPOS

Hechos 16:30 dice que el carcelero inconverso le preguntó a Pablo, "¿Qué debo hacer para ser salvo?"

Pablo no le contestó diciendo, "No puedes hacer nada, estás muerto". El le respondió, "Cree en el Señor Jesucristo, y serás salvo . . . " (verso 31).

Isaías 1:18 dice:

> Venid luego, dice Jehová, y *estemos a cuenta*: si vuestros pecados fueren como la grana, como la nieve serán emblanquecidos; si fueren rojos como el carmesí, vendrán a ser como blanca lana. (énfasis añadido)

Eso no fue escrito para personas muertas físicamente. Un hombre muerto físicamente no puede razonar nada. Esto fue escrito sobre la salvación para gente inconversa, muerta espiritualmente. Si una persona muerta espiritualmente no fuera capaz de razonar sobre cosas espirituales, ¿por qué Dios le mandaría a hacerlo?

LA BIBLIA DA MUCHOS EJEMPLOS DE GENTE MUERTA ESPIRITUALMENTE QUE EJERCÍA FE

Un centurión romano ejerció fe (Mateo 8:10, 13):

> De cierto os digo, que ni aun en Israel he hallado tanta fe . . . Entonces Jesús dijo al centurión: Ve, y como creíste, te sea hecho. Y su criado fue sanado en aquella misma hora.

El padre de un niño endemoniado ejerció fe (Marcos 9:23-24):

Jesús le dijo . . . al que cree todo le es posible. E inmediatamente el padre del muchacho clamó y dijo: Creo; ayuda mi incredulidad. (Jesús echó fuera el demonio).

Una mujer enferma ejerce fe (Mateo 9:21-22):

Porque decía dentro de sí: Si tocare solamente su manto, seré salva. Pero Jesús . . . dijo: Ten ánimo, hija; tu fe te ha salvado.

Dos ciegos ejercen fe (Mateo 9:28-30):

Jesús les dijo: ¿Creéis que puedo hacer esto? Ellos dijeron: Sí, Señor. Entonces les tocó los ojos, diciendo: Conforme a vuestra fe os sea hecho. Y los ojos de ellos fueron abiertos.

Una madre cananea ejerció fe (Mateo 15:28):

Jesús dijo: Oh mujer, grande es tu fe; hágase contigo como quieres. Y su hija fue sanada desde aquella hora.

Un ciego ejerció fe (Lucas 18:42-43):

Jesús le dijo: Recíbela, tu fe te ha salvado. Y luego vio.

Un hombre llamado Jairo ejerció fe (Lucas 8:50, 55):

> Jesús (a Jairo) le respondió: No temas; cree solamente, y será salva . . . Entonces su espíritu volvió, e inmediatamente se levantó.

Un hombre expulsado del templo ejerció fe (Juan 9:35.38):

> Oyó Jesús que le habían expulsado; y hallándole, le dijo: ¿Crees tú en el Hijo de Dios? Respondió él y le dijo: ¿Quién es, Señor, para que crea en él? Le dijo Jesús: Pues le has visto, y él que habla contigo, él es. Y él dijo: Creo, Señor, y le adoró.

LOS CALVINISTAS TUERCEN EL MÉTODO DE DIOS PARA DAR LA SALVACIÓN

Los calvinistas dicen que la persona tiene que nacer de nuevo antes de poder arrepentirse o creer. Jesús, en Juan 20:31 dice todo lo contrario:

> Pero éstas se han escrito para que creáis que Jesús es el Cristo, el Hijo de Dios, y para que creyendo, tengáis vida en su nombre.

La Biblia claramente enseña que el hombre no busca a Dios por sí solo, y que necesita el poder del Espíritu Santo para vivir una vida conforme al arrepentimiento; pero no hay ningún versículo en la Biblia que indique que el hombre es incapaz de responder a la convicción del Espíritu Santo, arrepentirse de sus pecados y recibir a Cristo como su Salvador personal.

En Juan 6:44, Jesús dice, "Ninguno puede venir a mí, si el Padre que me envió no le trajere"; pero personas no salvas pueden ejercer su voluntad en contra. Jesús dijo en Juan 4:48, "no creeréis". El no dijo que no podían creer.

Jesús dijo en Juan 5:40, "Y no queréis venir a mí para que tengáis vida". Vemos que Jesús indicó que tenían que llegar antes de tener vida. El calvinista, para ser consistente en su creencia que el hombre es incapaz de responder al Evangelio, tuerce este versículo para decir: "No tendréis vida para poder venir a mí". Pero esto tampoco funciona, porque de todos modos, el hombre está ejerciendo su voluntad, algo que los calvinistas enseñan que es imposible.
Jesús dijo en Mateo 23:37:

> ¡Jerusalén, Jerusalén . . . cuántas veces quise juntar a tus hijos, como la gallina junta sus polluelos debajo de las alas, y no quisiste!

Algunos calvinistas utilizan Juan 6:44 tratando de probar una incapacidad total. Aquí la Biblia dice, "Ninguno puede venir a mí, si el Padre que me envió no le trajere". Sin embargo, Juan 12:32 dice, "Y yo, si fuere levantado de la tierra, a todos atraeré a mí mismo". También Apocalipsis 22:17 da la última invitación en la Biblia:

> Y el Espíritu y la Esposa dicen: Ven. Y el que oye, diga: Ven. Y el que tiene sed, venga; y el que quiera, tome del agua de la vida gratuitamente.

Vemos, entonces, que mientras la obra del Espíritu Santo es atraer a las personas al Salvador, depende de cada individuo responder usando su libre albedrío antes de la conversión.

Hechos 17:30 dice que Dios "manda a todos los hombres en todo lugar, que se arrepientan". Romanos 14:11-12 dice:

> Porque escrito está: Vivo yo, dice el Señor, que ante mí se doblará toda rodilla, y toda lengua confesará a Dios. De manera que cada uno de nosotros dará a Dios cuenta de sí.

Cada persona en este mundo tiene la responsabilidad, dada por Dios, de arrepentirse y ser salva; y un día, cada individuo tendrá que dar cuenta de sí. Jesús dijo en Lucas 13:3, "... antes si no os arrepentís, todos pereceréis igualmente". No hay ningún grupo de personas no elegido que podrá decir, "Señor, no me arrepentí ni confié en Cristo como Salvador, porque yo estaba totalmente depravado e incapacitado para creer".

Además, si fuéramos a traducir este versículo utilizando la "solución" calvinista, se leería, "Si no os arrepentís, todos pereceréis igualmente, excepto que algunos de ustedes no perecerán, porque son los elegidos y salvos por la gracia irresistible de Dios".

2 Pedro 3:9 dice que el Señor no quiere que "ninguno perezca, sino que todos procedan al arrepentimiento." Dios nos responsabiliza por nuestra vida aquí en la tierra; nos ordena arrepentirnos de nuestros pecados y confiar en Cristo como nuestro Salvador.

Los calvinistas enseñan que el hombre no puede arrepentirse o creer el Evangelio hasta que nazca de nuevo. Enseñan que este nuevo nacimiento ocurre porque Dios escoge a ciertos individuos y los regenera, haciéndolos capaces de creer. Ellos dicen que el hombre no tiene libre albedrío, por medio del cual podría llegar a Cristo para recibir la salvación.

Hechos 11:18 claramente dice, "¡De manera que también a los gentiles ha dado Dios arrepentimiento para vida!" El arrepentimiento viene primero, y el resultado del arrepentimiento es vida. Recordemos que Juan 5:40 dice, "Y no queréis venir a mí para que tengáis vida". Primero es el venir, después la vida.

¿Queremos creer lo que escribieron hombres piadosos bajo la inspiración del Espíritu Santo, o lo que escribió un hombre bajo la inspiración del arzobispo Agustino, y quien también estaba lleno de odio hacia los que estaban en desacuerdo con él? Recordemos que Calvino dijo que "Agustino está unido a mí a tal punto de que, si yo quisiera escribir una confesión de mi fe, me satisfaría abundantemente poder citar sus escritos en su totalidad".[1]

LA BIBLIA SIEMPRE COLOCA PRIMERO EL "CREER"

Para que todo aquel que en él cree, no se pierda, mas tenga vida eterna. (Juan 3:15)

Para que todo aquel que en él cree, no se pierda, mas tenga vida eterna. (Juan 3:16)

El que cree en el Hijo tiene vida eterna. (Juan 3:36)

El que oye mi palabra, y cree al que me envió, tiene vida eterna; y no vendrá a condenación, mas ha pasado de muerte a vida. (Juan 5:24)

> Que todo aquel que . . . cree en él, tenga vida eterna. (Juan 6:40)

La Biblia también dice:

> Pero éstas se han escrito para que creáis que Jesús es el Cristo, el Hijo de Dios, y para que creyendo, tengáis vida en su nombre. (Juan 20:31)

5

CREADOS PARA ESCOGER Y RAZONAR

VOLVAMOS AL PRINCIPIO

GÉNESIS 1:26 DICE, "ENTONCES DIJO DIOS: : "Hagamos al hombre a nuestra imagen, conforme a nuestra semejanza". Ser creados a la imagen y semejanza de Dios tiene muchas facetas. Las Escrituras dicen claramente que el hombre no es divino ni es parte de Dios, y sería una equivocación pensar de otra manera. Sin embargo, sería también un error minimizar al hombre, quitándole las habilidades y atributos que Dios le dio. Aunque Adán cayó, el hombre todavía tiene un alma. Y el hombre todavía tiene la habilidad de razonar y tomar decisiones. Es muy evidente que estos atributos no le fueron quitados al pecar, si observamos las evidencias. Dios en las Escrituras ordena al hombre razonar, escoger, y arrepentirse. La gracia de Dios opera en nuestras vidas de manera activa, no pasiva.

Pero con el calvinismo, la gracia realmente es minimizada, y Dios es limitado al decir que la única manera que Dios pueda ser soberano es no permitir al hombre el libre albedrío (sin poder escoger, decidir, razonar). El punto de vista calvinista pretende hacer que Dios actúe en una forma contraria a Su inmutable designio original.

DIOS LE DIO UN MANDAMIENTO A ADÁN

Génesis 2:15-17 dice:

> Tomó, pues, Jehová Dios al hombre, y lo puso en el huerto de Edén, para que lo labrara y lo guardase. Y mandó Jehová Dios al hombre, diciendo: De todo árbol del huerto podrás comer; mas del árbol de la ciencia del bien y del mal no comerás; porque el día que de él comieres, ciertamente morirás.

Como antes mencionamos, el libro de A.W. Pink, *The Sovereignty of God* (*La soberanía de Dios*), dice que el hombre "es totalmente incapaz de decidir nada".1 Pero, ¿qué enseña la Biblia? Dice, "Mandó Jehová Dios al hombre". Si el hombre hubiera sido creado sin libre albedrío y la capacidad de hacer cosas, no hubiera habido la necesidad de este mandamiento u otro mandamiento en las Escrituras.

En Génesis 3:6, vemos que Satanás tienta a Eva a desobedecer a Dios. Dice, " . . . tomó de su fruto, y comió; y dio también a su marido, el cual comió así como ella".

ADÁN Y EVA TOMARON DECISIONES

Adán y Eva, cada uno, tomó una decisión, por su libre albedrío, de desobedecer a Dios. Para sugerir, como hacen los calvinistas, que Dios les forzara a pecar, tendríamos que cambiar el versículo arriba que dice "no comerás" (de él), a decir "Haré que comas de él". Esto sería una necedad, y hacer de Dios el Autor del pecado. ¡Eso no sería sencillamente una herejía, sino que sería una blasfemia! La Biblia en muchas partes describe el carácter de Dios y Su naturaleza (por ejemplo, Tito 1:2, que Dios no puede mentir), y también dice que es un Dios santo, justo, amoroso, honesto, misericordioso y perfecto. Nunca Lo puede describir como un Dios de pecado; al contrario, las Escrituras dicen, "Dios no puede ser tentado por el mal, ni él tienta a nadie" (Santiago 1:13).

Dios confrontó a Adán y le preguntó, "¿Has comido del árbol de que yo te mandé no comieses?" (Génesis 3:11). El versículo 17 del capítulo 3 continúa:

> Y al hombre dijo: Por cuanto obedeciste a la voz de tu mujer, y comiste del árbol de que te mandé diciendo: No comerás de él; maldita será la tierra por tu causa; con dolor comerás de ella todos los días de tu vida.

Adán escogió escuchar a Eva en lugar de obedecer a Dios. Como resultado de escoger pecar, el espíritu del hombre murió y así, necesita "nacer de nuevo". Jesús en el capítulo 3 de Juan describió en detalle qué quiere decir "nacer de nuevo". La Biblia claramente enseña que cuando el Espíritu Santo convence a una persona de su pecado, ella tiene que hacer una decisión. Si la persona decide aceptar a Cristo como Salvador, el espíritu "nace de nuevo". Leemos en Efesios 2:1, "Y él os dio vida a vosotros, cuando estabais muertos en vuestros delitos y pecados".

ADÁN Y EVA SACADOS DEL HUERTO

Dios sacó a Adán y Eva del huerto, porque habrían podido utilizar su libre albedrío para comer del árbol de la vida y vivir en su estado de pecado para siempre. Génesis 3:22-24 dice:

. . . ahora pues, que no alargue su mano, y tome también del árbol de la vida, y coma, y viva para siempre. Y lo sacó Jehová del huerto del Edén, para que labrase la tierra de que fue tomado. Echó, pues, fuera al hombre, y puso al oriente del huerto de Edén querubines, y una espada encendida que se revolvía por todos lados, para guardar el camino del árbol de la vida.

No hubiera habido necesidad de los querubines con una espada encendida, si el hombre no tuviera libre albedrío. Precisamente fue por esta razón que Dios tuvo que bloquear el camino de Adán al árbol de la vida. ¿Los calvinistas piensan que Dios estaba haciendo alguna clase de juego?

CAÍN Y ABEL HICIERON DECISIONES

En Génesis 4, leemos que Abel decidió seguir a Dios y Caín escogió hacer las cosas a su manera. El versículo 16 dice, "Salió, pues, Caín de delante de Jehová . . . " Caín también decidió perseguir hasta matarlo, al que siguió a Dios. Decir que Dios puso en el corazón de Caín salir de Su presencia y después matar a su hermano es necio, ridículo y difama el mismo carácter de Dios.

LOS CALVINISTAS, PARA SER CONSISTENTES, NECESITAN RE-INTERPRETAR LA CREACIÓN

Para poder apoyar la teoría de los calvinistas de un Dios malo, tendríamos que cambiar la lectura de la creación de esta manera: "En el principio creó Dios los cielos y la tierra . . . Y dijo Dios: Hagamos al hombre sin libre albedrío . . . Y dijo Dios, haremos que piensen que tengan libre albedrío diciendo . . . 'de todo árbol del huerto podrás comer; mas del árbol de la ciencia del bien y del mal no comerás; porque el día que de él comieres, ciertamente morirás'. Haremos que ellos piensen que les sería posible escoger desobedecer".

El recuento torcido de Calvino también tendría que decir, "Como en realidad, no tenían libre albedrío, desde el principio Dios ordenó que ellos comieran del fruto. Dios, al confrontar a Adán, diría '¿Has comido del árbol de que yo te mandé no comieses? . . . Maldita será la tierra por tu causa; con dolor comerás de ella todos los días de tu vida' ". Referente a Caín y Abel, la historia tendría que cambiarse para decir, "Dios hizo que Caín matara a su hermano, y después le impuso una maldición por haberlo hecho".

Debemos aclarar aquí que los calvinistas (como Juan Calvino) confunden la presciencia de Dios con la predestinación (o que ignoran lo que es la presciencia). Dios sabía desde antes que Judas iba a entregar a Jesús por treinta piezas de plata, según Zacarías 11:12-13; pero no hizo nada para hacer que ocurriera esto. Dios también sabía que el pueblo judío estaría dispersado por todo el mundo, que prosperaría adonde fuera, y sería odiado y perseguido entre las naciones. Pero Dios nunca aprobó la persecución de los judíos, ni tampoco el intento del régimen de Hitler de aniquilarlos. Mas bien, las Escrituras dicen, "Bendeciré a los que te bendijeren, y a los que te maldijeren maldeciré; y serán benditas en ti todas las familias de la tierra" (Génesis 12:3). También vemos " . . . el que os toca, toca a la niña de su ojo" (Zacarías 2.8). Los perseguidores de los judíos, como Adolfo Hitler, serán responsabilizados por sus hechos.

Pero el calvinista está atado a un punto de vista fatalista, donde Dios ha ordenado todo desde antes; y así todo lo que pasa tiene Su aprobación. De esta manera las Escrituras, como las mencionadas arriba, tienen que torcerse y distorsionarse para dar lugar a un "Dios" malévolo.

DIOS MANDA QUE LAS PERSONAS CONFIEN EN ÉL: SALMO 4:5: "CONFIAD EN JEHOVÁ"

Confía en Jehová. (Salmo 37:5)

DIOS NO FUERZA A NADIE A CONFIAR EN EL

. . . no habían confiado en su salvación. (Salmo 78:22)

. . . te confiaste en tu maldad. (Isaías 47:10)

. . . confiaste en la mentira. (Jeremías 13:25)

. . . confiaste en tus bienes y en tus tesoros. (Jeremías 48:7)

. . . confía en sus tesoros. (Jeremías 49:4)

DIOS LE MANDA AL HOMBRE A SOMETERSE

. . . que os sujetéis. (I Corintios 16:16)

. . . estén sujetas. (Efesios 5:22)

. . . estad sujetas. (Colosenses 3:18)

. . . Obedeced. (Hebreos 13:17)

. . . Someteos. (Santiago 4:7)

. . . someteos. (1 Pedro 2:13)

. . . estad sujetos. (1 Pedro 5:5)

DIOS NUNCA FUERZA A NADIE A SOMETERSE

. . . ellos no escuchaban. (Éxodo 6:9)

. . . ellos no obedecieron. (Éxodo 16:20)

. . . ellos no oyeron. (1 Samuel 2:25)

. . . ellos no escucharon. (2 Reyes 21:9)

. . . no oyeron ni inclinaron su oído. (Jeremías 7:24)

. . . no me oyeron ni inclinaron su oído. (Jeremías 7:26)

. . . no escucharon. (Jeremías 36:31)

AL HOMBRE LE ORDENA RAZONAR SOBRE LA SALVACIÓN

Isaías 1:18 dice,

> Venid luego, dice Jehová, y estemos a cuenta: si vuestros pecados fueren como la grana, como a nieve serán emblanquecidos; si fueren rojos como el carmesí, vendrán a ser como blanca lana.

Mateo 16:7 dice, "Ellos pensaban".

Mateo 21:25 dice, " . . . discutían".

Marcos 2:8 dice, " . . . cavilaban".

Marcos 8:16 dice, " . . . discutían".

Marcos 11:31 dice, " . . . discutían".

Lucas 20:5 dice, " . . . discutían".

Lucas 20:14 dice, " . . . discutían".

Hechos 18:4 dice, " . . . discutía . . . y persuadía".

Hechos 24:25 dice, " . . . disertar . . . Félix se espantó".

Hechos 28:29 dice, " . . . los judíos se fueron, teniendo gran discusión".

DESPUÉS DE RAZONAR, EL HOMBRE TIENE LIBRE ALBEDRÍO PARA LLEGAR A SU PROPIA CONCLUSIÓN

Leemos en Marcos 2:6 que los escribas a los cuales Jesús habló, "cavilaban en sus corazones". Marcos 7:9 dice que el razonamiento de las personas produjo una decisión. Jesús los reprendió por ello, pero no los forzó a cambiar, sino que les dijo, " . . . invalidáis el mandamiento de Dios". Oseas 4:6 dice " . . . desechaste el conocimiento". 2 Reyes 17:15 dice, " . . . desecharon sus estatutos, y el pacto". Al contrario a la posición del calvinismo, el hombre puede razonar sobre la salvación; y rechazar o recibir lo que Dios le ofrece a través del Evangelio de Jesucristo.

DIOS MANDA AL HOMBRE A ANDAR EN SUS CAMINOS, PERO NO OBLIGA A NADIE A HACERLO

Isaías 30:21 dice, "Este es el camino, andad por él". Salmo 81:12 dice que "Caminaron en sus propios consejos".

DIOS MANDA AL HOMBRE A SER SANTO, PERO NO OBLIGA A NADIE

Levítico 20:7 dice, " . . . sed santos, porque yo Jehová soy vuestro Dios". Deuteronomio 9:12 dice, " . . . se ha corrompido".

EL LIBRE ALBEDRÍO Y LOS DIEZ MANDAMIENTOS

No tendrás dioses ajenos delante de mí. (Éxodo 20:3)

. . . servido a dioses ajenos. (Deuteronomio 17:3)

No te harás imagen. (Éxodo 20:4)

. . . le provocaron a celo con sus imágenes de talla. (Salmo 78:58)

No tomarás el nombre de Jehová tu Dios en vano. (Éxodo 20:7)

Tus enemigos toman en vano tu nombre. (Salmo 139:20)

Acuérdate del día de reposo para santificarlo. (Éxodo 20:8)

. . . que ustedes hacéis, profanando así el día de reposo. (Nehemías 13:17)

Honra a tu padre y a tu madre. (Éxodo 20:12)

. . . y los hijos se levantarán contra los padres. (Mateo 10:21)

No matarás. (Éxodo 20:13)

. . . a los huérfanos quitan la vida. (Salmo 94:6)

No cometerás adulterio. (Éxodo 20:14)

. . . cometían adulterios. (Jeremías 23:14)

No hurtarás. (Éxodo 20:15)

El que hurtaba, no hurte más. (Efesios 4:28)

No hablarás contra tu prójimo falso testimonio. (Éxodo 20:16)

. . . se han levantado contra mí testigos falsos. (Salmo 27:12)

No codiciarás. (Éxodo 20:17)

. . . lo cual codicié y tomé. (Josué 7:21)

LA ENSEÑANZA DE CALVINO SOBRE LA ELECCIÓN INCONDICIONAL

Según el calvinismo, si hemos de ser salvos, Dios nos escoge (elige) para la salvación. El calvinismo enseña "Un hombre no se salva por creer en Cristo; cree en Cristo porque es salvo". En otras palabras,

Los elegidos de Dios son escogidos por El para ser Sus hijos, para *hacerles* creer, no porque El *viera de antemano* que iban a creer.² (énfasis añadido)

MÁS HEREJÍA

Por su teoría de la elección incondicional, Calvino quería decir que algunos son elegidos para entrar en el cielo, mientras que otros son destinados para el infierno. Depende totalmente de Dios, y nosotros no jugamos ningún papel en nuestro destino eterno. Esto significa que Dios decidió antes de nuestro nacimiento que íbamos a ser quemados en el infierno para siempre, o estar en el cielo eternamente. Somos solamente piezas en el gran juego de ajedrez de Dios. Además, el calvinismo enseña que Dios se glorificará trayendo su familia al mundo con el único propósito de atormentarla eternamente en el infierno. *¡Esto es malévolo, y no es el Dios de la Biblia!*

Por si acaso el lector piensa que he representado equivocadamente a Juan Calvino, podemos dejarle hablar por sí mismo. En sus *Institutos de la religión cristiana*, Volumen 3, Calvino declaró:

> Algunos son predestinados para la vida eterna, otros para la perdición eterna; y así como cada uno ha sido creado para uno u otro de estos destinos, podemos decir que ha sido predestinado para vida o para muerte.³

Este punto de vista es lo que uno encuentra a través de todas las enseñanzas y sermones de los predicadores y autores calvinistas.

¿PUEDE DIOS GLORIFICARSE POR ENVIAR A SU MADRE AL INFIERNO?

Según el calvinismo, puede ser su mamá, su hijito, su hija, su esposa y todos los niños de la sala cuna de su iglesia que Dios felizmente mandará al infierno. ¡Puede ser usted mismo! ¡Después de todo, si usted ora, "Dios, sé propicio a mí, pecador", eso no le permitirá entrar en el cielo, si Dios ha decido que irá al infierno!

Cierto pastor calvinista dijo lo siguiente:

> ¡Usted ha hecho doler al cielo; ha entristecido la tierra; ha cavado un infierno para sí! ¡Confiese su iniquidad con vergüenza y confusión de cara! Inclínese delante del Dios de misericordia y reconozca que *si El te perdona*, será por Su libre misericordia (i.e. elección) que lo procura; pero si El le destruye, *¡no tendrá ni una palabra para decir* contra la justicia de la solemne sentencia![4] (énfasis añadido)

En otras palabras, puede clamar al Señor en humildad y arrepentimiento, pidiéndole que le salve su alma. Según esta posición, puede ser que Lo hará, o puede ser que no; pero de todos modos, no hay nada que usted puede hacer para procurar la salvación. Sin embargo, la Biblia está llena de versículos que declaran que Dios es un Dios misericordioso hacia todos los que le invocan. Dios ha decidido mostrar misericordia hacia los que claman a Su nombre.

¿POR QUÉ EL CALVINISMO ATRAE A LAS PERSONAS?

Como vemos hoy en día, mucha gente está siendo atraída al calvinismo (incluyendo a jóvenes). En esta época de inseguridad, el calvinismo parece ofrecer alguna clase de seguridad, con el pensamiento de que Dios ha predestinado todo. Supuestamente esto provee algo de orden dentro de nuestro mundo caótico. Desafortunadamente, cuando una persona se ha dejado convencer por el calvinismo, esto en realidad no ofrece ninguna seguridad verdadera. La persona no sabe cómo saldrán las cosas; y únicamente le queda un punto de vista fatalista de la vida, donde las cosas son decretadas y no hay nada que nadie pueda hacer.

Desafortunadamente, el calvinismo es un ataque directo contra el Evangelio. El Evangelio es activado por la fe ("todo aquel que cree"); pero el fatalismo del calvinismo no puede decir sino solo "Lo que será, será". Esta no es una fe bíblica sino que, en realidad, una forma de incredulidad; deja al seguidor en una búsqueda de toda la vida de saber si está entre los elegidos o no. Es totalmente contrario al Evangelio que la Biblia ofrece, donde las Buenas Nuevas de Jesucristo ofrecen esperanza, y la fe da seguridad:

> Es, pues, la fe la certeza de lo que se espera, la convicción de lo que no se ve. (Hebreos 11:1)

> Estas cosas os he escrito a vosotros que creéis en el nombre del Hijo de Dios, para que sepáis que tenéis vida eterna, y para que creáis en el nombre del Hijo de Dios. (1 Juan 5:13)

Bob Kirkland

6

DISTORSIONAR LAS ESCRITURAS PARA ENSEÑAR UNA HEREJÍA

EN UN ESFUERZO DE SOSTENER SU TEORÍA, LOS calvinistas citan solamente una parte de Efesios 1:4. La primera parte dice, "Nos escogió en él antes de la fundación del mundo". Sin embargo, el versículo completo dice:

> Según *nos escogió* en él antes de la fundación del mundo, *para que* fuésemos santos y sin mancha delante de él. (énfasis añadido)

Este versículo no dice nada sobre ser escogido para el cielo o el infierno, sino que habla de cómo Dios propone que vivan los cristianos.

También, a los calvinistas les gusta citar una parte de Juan 15:16, "No me elegisteis vosotros a mí, sino que yo os elegí a vosotros . . . " Pero el versículo completo dice:

> No me elegisteis vosotros a mí, sino que yo os elegí a vosotros, y os he puesto para que vayáis y llevéis fruto, y vuestro fruto permanezca; para que todo loque pidiereis al Padre en mi nombre, él os lo dé.

Otra vez, este versículo no dice nada sobre ser escogidos para el cielo o el infierno. Dice que Dios ha propuesto que los cristianos produzcan fruto. El fruto del cristiano es producir otros cristianos. Proverbios 11:30 dice:

> El fruto del justo es árbol de vida; y el que gana almas es sabio.

La Biblia dice en Hechos 10:34 que "Dios no hace acepción de personas". Quiere decir que están incluidos su mamá, su hijito, su hija, su esposa, todos los niños en la sala cuna de la iglesia y usted mismo, cuando Dios cerró la Biblia con la invitación, ". . . y el que quiera, tome del agua de la vida gratuitamente" (Apocalipsis 22:17). La Biblia también dice en 2 Pedro 3:9:

> El Señor . . . no queriendo que ninguno perezca, sino que *todos* procedan al arrepentimiento. (énfasis añadido)

1 Timoteo 2:4 se refiere a Dios de esta manera:

> . . . el cual quiere que todos los hombres sean salvos y vengan al conocimiento de la verdad.

Los maestros calvinistas se empeñan en destruir el claro sentido de este versículo.

Dicen que "todos" no quiere decir "todos". Sus interpretaciones son innumerables al utilizar su patrón común, "La Biblia dice eso, pero el significado es otro".

EL CALVINISMO ENSEÑA QUE ALGUNAS PERSONAS SON DESTINADAS A SER QUEMADAS EN EL INFIERNO

LA MANO DE DIOS CONTROLA LOS ASUNTOS DEL hombre. El escoge a individuos como Abraham, Isaac, Jacob y David como instrumentos Suyos para hacer ciertas cosas. Dios escogió a la nación de Israel con un propósito específico. Dios ha escogido a personas como Juan el Bautista para cumplir una tarea especial.

¡ES HEREJÍA ENSEÑAR QUE DIOS HA PREDESTINADO QUE ALGUIEN NAZCA CON EL ÚNICO PROPÓSITO DE SER QUEMADO EN EL INFIERNO!

Efesios 1:3-4 dice:

> Bendito sea el Dios y Padre de nuestro Señor Jesucristo, que nos bendijo con toda bendición espiritual en los lugares celestiales en Cristo, según nos escogió en él antes de la fundación del mundo, para que fuésemos santos y sin mancha delante de él.

Romanos 8:29-30 dice:

> Porque a los que antes conoció, también los predestinó para que fuesen hechos conformes a la imagen de su Hijo, para que él sea el primogénito entre muchos hermanos. Y a los que predestinó, a éstos también

llamó; y a los que llamó, a éstos también justificó; y a los que justificó, a éstos también glorificó.

Para poder aceptar la posición de Calvino, tendríamos que traducir este versículo para leerse, "Los que él incondicionalmente eligió, él también incondicionalmente eligió".

Jesús dice en Apocalipsis 22:13:

> Yo soy el Alfa y la Omega, el principio y el fin, el primero y el último.

Obviamente El conoce el principio y el fin. ¡Sencillamente, Dios lo sabe todo! No hay necesidad de poner misterio sobre el tema de la presciencia de Dios, a menos que sea un calvinista buscando apoyar el calvinismo. Dios, en Su presciencia, sabe quién va a confiar en Jesucristo como Salvador; pero eso no quiere decir que es Él quien haga la decisión para que alguien sea salvo.

LA SALVACIÓN SE OFRECE A TODOS

Como antes mencionamos, Apocalipsis 22:17 dice:

> Y el Espíritu y la Esposa dicen: Ven. Y el que oye, diga: Ven. Y el que tiene sed, venga; y el que quiera, tome del agua de la vida gratuitamente.

Romanos 10:13 dice:

> Porque todo aquel que invocare el nombre del Señor, será salvo.

El calvinismo: Nadie se atreve a llamarlo herejía

Tito 2:11 dice:

> Porque la gracia de Dios se ha manifestado para salvación a *todos* los hombres. (énfasis añadido)

¿Por qué se manifestaría la gracia de Dios a todos los hombres, si la mayoría de ellos será definitivamente condenada al infierno desde antes, sin ningún remedio? ¿Dios injustamente finge ofrecer a los hombres la opción de la salvación, solamente para quitarla; y enviar a la mayoría al infierno, sin importar que algunos habrían escogido la salvación? ¡Qué torcido cuadro de Dios, y posición anti-bíblica!

Juan 12:32 dice:

> Y yo, si fuere levantado de la tierra, a *todos* atraeré a mí mismo. (énfasis añadido)

Como antes fue mencionado en este capítulo, 2 Pedro 3:9 nos dice:

> El Señor no retarda su promesa, según algunos la tienen por tardanza, sino que es paciente para con nosotros, no queriendo que *ninguno* perezca, sin que todos procedan al arrepentimiento. (énfasis añadido)

Romanos 5:12 dice:

> . . . todos pecaron.

Hechos 17:30 dice:

> Dios . . . manda a todos los hombres en todo lugar, que se arrepientan.

¿Por qué mandaría Dios a que todos los hombres se arrepientan (i.e., que sean salvos), si El sabe que no tendrán ningún control en el asunto, y que El ya había decidido enviar a la mayoría al infierno?

¿A QUIÉN CREEREMOS?

Contrario a la herejía de Juan Calvino, ¡usted tiene libertad para escoger!

ENSEÑAR QUE EL AMOR DE DIOS ES LIMITADO ES ENSEÑAR HEREJÍA

La teoría básica del calvinismo de la expiación limitada significa que la muerte de Cristo en la cruz del Calvario se limita únicamente a los que ellos llaman "los elegidos". Esto quiere decir que sería imposible decirle a un pecador que no es uno de sus supuestos elegidos que Cristo murió por él. La enseñanza de Calvino de una expiación limitada significa que Dios destinó a algunos para el cielo y a los demás para una eternidad en el infierno. Esto es un ataque maligno contra el carácter de Dios, quien nos dice en muchos versículos de la Biblia, que Cristo murió por todos.

1 Juan 2:2 nos dice:

> Y él (Cristo) es la propiciación por nuestros pecados; y no solamente por los nuestros, sino también por los de todo el mundo.

Si se usara la "solución" de los calvinistas para apoyar su teoría, cambiando "mundo" por "elegidos", el versículo se leería, "Cristo es la propiciación por los pecados de los elegidos;

y no solo por los elegidos, sino también por los pecados de los elegidos". 1 Timoteo 2:6 claramente dice que Cristo "se dio a sí mismo en rescate por todos". ¡Todos significa todos!

LA PALABRA "MUNDO" QUIERE DECIR EL MUNDO

Juan 1:29 dice:

> He aquí el Cordero de Dios, que quita el pecado del mundo.

Juan 3:16 dice:

> Porque de tal manera amó Dios al mundo, que ha dado a su Hijo unigénito, para que todo aquel que en él cree, no se pierda, mas tenga vida eterna.

Como mencionamos antes, A.W. Pink dice:

> "Mundo" en Juan 3:16 tiene que referirse, en el análisis final, al mundo del pueblo de Dios . . . Tenemos que decirlo así, porque no hay otra solución alternativa.*

La única "solución" para el calvinista de apoyar con las Escrituras su herejía es cambiar el significado de las palabras.

Juan 3:17 dice:

> Porque no envió Dios a su Hijo al mundo para condenar al mundo, sino para que el mundo sea salvo por él.

No dice que Dios no envió a su Hijo a los elegidos para condenar a los elegidos, sino que los elegidos por él fueran salvos.

1 Juan 2:2 dice:

> Y él es la propiciación por nuestros pecados; no solamente por los nuestros, sino también por los de todo el mundo.

La frase usada en la Biblia, "todo el mundo", no es ambigua ni difícil de entender.
1 Juan 4:14 dice:

> Y nosotros hemos visto y testificamos que el Padre ha enviado al Hijo, el Salvador del mundo.

ENSEÑAR QUE NO TENEMOS LA OPCIÓN DE ACEPTAR O RECHAZAR ES ENSEÑAR HEREJÍA

EL HOMBRE PUEDE ESCOGER

> . . . escogieron sus propios caminos, y su alma amó sus abominaciones . . . hicieron lo malo delante de mis ojos, y escogieron lo que me desagrada. (Isaías 66: 3, 4)

> . . . escogiendo antes ser maltratado con el pueblo de Dios..(Hebreos 11:25)

> . . . escogeos hoy a quién sirváis. (Josué 24:15)

> . . . no escogieron el temor de Jehová. (Proverbios 1:29)

---

*Ver numeraciones 2, 5 de citas para el Capítulo 3

. . . escoge, pues, la vida, para que vivas tú y tu descendencia. (Deuteronomio 30:19)

Esté tu mano pronta para socorrerme, porque tus mandamientos he escogido. (Salmo 119:173)

Si oyereis hoy su voz, no endurezcáis vuestros corazones, como en la provocación. (Hebreos 3:15)

La palabra "escoger" se menciona en la Biblia más de sesenta veces, y siempre quiere decir escoger. Grupos como los calvinistas solo pueden seguir en existencia por medio de decir que la Biblia dice algo diferente a su verdadero sentido. Es como la conocida frase que dice: "Cuando el sentido claro de las Escrituras es según sentido común, no busque un significado más complicado".

EL HOMBRE PUEDE DECIDIR DESOBEDECER

. . . endurecieron su cerviz. (Nehemías 9:17)

. . . ni quisieron andar en su ley. (Salmo 78:10)

Por cuanto llamé, y no quisisteis oír. (Proverbios 1:24)

. . . no quisieron escuchar mis palabras. (Jeremías 11:10)

Pero no quisieron escuchar. (Zacarías 7:11)

. . . él no quiso recibir consuelo. (Jacob) (Génesis 37:35)

Pero el pueblo no quiso oír. (1 Samuel 8:19)

. . . ni quisieron andar en su ley. (Salmo 78:10)

Por cuanto llamé, y no quisisteis oír. (Proverbios 1:24)

Mirad que no desechéis al que habla. (Hebreos 11:25)

Moisés . . . rehusó llamarse hijo de la hija de Faraón. (Hebreos 11:24)

Decir que la Biblia enseña que el hombre no tiene la opción de hacer decisiones es una necedad. Si Dios no ha dado al hombre libre albedrío, ¿piensan los calvinistas que Dios está jugando con la mente del hombre?

LOS CALVINISTAS ENSEÑAN QUE NO TENEMOS LA CAPACIDAD DE CREER LOS VERSÍCULOS QUE HABLAN DE CREER

. . . a los que creen en su nombre. (Juan 1:12)

Pero éstas se han escrito para que creáis. (Juan 20:31)

. . . para que creyendo, tengáis vida. (Juan 20:31)

. . . salvar a los creyentes. (1 Corintios 1:21)

. . . los que tienen fe. (Hebreos 10:39)

El que en él cree, no es condenado; pero el que no cree, ya ha sido condenado, porque no ha creído en el nombre del unigénito Hijo de Dios. (Juan 3:18)

. . . el que no cree a Dios, le ha hecho mentiroso, porque no han creído en el testimonio que Dios ha dado acerca de su Hijo. (1 Juan 5:10)

Jesús nunca predicó de esta manera: "Moriré por algunos de ustedes, y el resto de ustedes solo vinieron al mundo para que mi Padre se glorificara al enviarlos al infierno".

LOS CALVINISTAS ENSEÑAN QUE LA GRACIA DE DIOS ES IRRESISTIBLE

El Salmo 78:22 dice que la ira de Dios vino "Por cuanto no habían creído a Dios, ni habían confiado en su salvación".

Salmo 78:32 dice, "Con todo esto, pecaron aún, y no dieron crédito a sus Maravillas".

Salmo 106:24 dice, "No creyeron a su palabra".

Juan 12:37 dice, ". . . no creían en él".

Hechos 17:5 habla de ". . . los judíos que no creían".

Hechos 19:9 dice, "Pero endureciendo algunos y no creyendo. "

Hechos 28:24 dice, "Y algunos asentían a lo que se decía, pero otros no creían".

Según estos versículos y muchos otros, personas han resistido y fueron capaces de resistir la gracia de Dios. Si fuera cierta la posición calvinista de que el hombre no puede resistir la gracia de Dios, toda responsabilidad sería quitada del hombre que resista, (el que no es elegido), porque no tendría ningún control sobre ello. Y ¿cómo puede Dios enviar al infierno a los que no son responsables por su resistencia?

EL LIBRE ALBEDRÍO DEL HOMBRE EXISTE POR EL BUEN PLACER DE DIOS

Recordemos que la soberanía de Dios significa Su "derecho absoluto de hacer todas las cosas según Su buen placer".* Efesios 1:5 dice:

> En amor habiéndonos predestinado para ser adoptados hijos suyos por medio de Jesucristo, según el puro afecto de su voluntad.

Vemos que dice que nos adopta como "hijos". Los hijos tienen libre albedrío, y por eso necesitan ser instruidos para poder tomar decisiones correctas.

La Biblia dice claramente que fue "según el puro afecto de su voluntad" dar libre albedrío al hombre; y el hacerlo no afectó Su soberanía. En realidad, el hecho de que Dios diera al hombre libre albedrío prueba más Su soberanía que si hubiera hecho al hombre solamente como un robot. Aunque Dios sabía que el libre albedrío permitiría al hombre la opción de rechazarlo, también Le daría más placer tener seres creados que responderían libremente a Su amor, y amarlo de corazón, no por ser programados así.

Su buena voluntad tiene que ver con el plan de salvación. Es "por medio de Jesucristo". Hechos 4:12 dice:

> Y en ningún otro hay salvación; porque no hay otro nombre bajo el cielo, dado a los hombres, en que podamos ser salvos.

Efesios 1:5 no se refiere a quien será salvo, sino cómo será salvo. Hechos 10:34 dice claramente que "Dios no hace acepción de personas".

1 Timoteo 2:4 dice que Dios "quiere que todos los hombres sean salvos y vengan al conocimiento de la verdad". 1 Timoteo 2:6 dice que Cristo "se dio a sí mismo en rescate por todos".

UNA CONTRADICCIÓN DE TÉRMINOS

LA MISMA FRASE DE "GRACIA IRRESISTIBLE" ES UN oxímoron, una contradicción de términos. Si es irresistible, no es gracia. Eso sería parte de la misma constitución del hombre; en realidad, seríamos robots. Proverbios 1:24-25 dice:

> Por cuanto llamé, y no quisisteis oír, extendí mi mano, y no hubo quien atendiese, sino que desechasteis todo consejo mío y mi represión no quisisteis . . .

Dios llamó, y el hombre lo desatendió. Dios extendió Su mano, y ninguno Le puso cuidado. Sus consejos y represiones fueron rechazados.

Números 14:18 dice, "Jehová, tardo para la ira y grande en misericordia . . ."

Salmo 103:8 dice, "Misericordioso y clemente es Jehová; lento para la ira, y grande en misericordia".

Hechos 7:51 dice:

---

*Ver el Capítulo 1

> ¡Duros de cerviz, e incircuncisos de corazón y de oídos! Vosotros resistís siempre al Espíritu Santo; como vuestros padres, así también vosotros.

Tal vez los calvinistas, antes de edificar una doctrina completa sobre palabras no encontradas en la Biblia, deben buscar en el diccionario para ver el significado de las palabras que utilizan. Irresistible quiere decir "imposible de resistir". Proverbios 29:1 dice:

> El hombre que reprendido endurece la cerviz, de repente será quebrantado, y no habrá para él medicina.

La justicia de Dios requiere una sola reprensión. Bajo la gracia de Dios, el hombre es reprendido vez tras vez, que significa que él ha resistido repetidas veces.

Otra vez, Proverbios 1:24 dice:

> Por cuanto llamé, y no quisisteis oír, extendí mi mano, y no hubo quien atendiese.

Juan 5:40 advierte, " . . . no queréis venir a mí para que tengáis vida".

Si los maestros calvinistas quieren alinearse con las Escrituras al edificar una doctrina definiendo la palabra "gracia", deberían llamarla "gracia resistible". No hay ningún versículo, desde Génesis hasta Apocalipsis, que enseñe que la gracia de Dios es puesta en forma irresistible sobre alguien. Dios no fuerza a nadie a ser salvo.

DIOS NO FUERZA A NADIE A CREER

No creyeron a su palabra. (Salmo 106:24)

. . . hay algunos de vosotros que no creen. (Juan 6:64)

Y no creéis. (Juan 10:25)

. . . no creían en él. (Juan 12:37)

. . . no creyendo. (Hechos 9:26)

. . . los judíos que no creían. (Hechos 17:5)

. . . endureciéndose algunos y no creyendo. (Hechos19:9)

. . . no creyeron a la verdad. (2 Tesalonicenses 2:12)

. . . con los desobedientes. (Hebreos 11:31)

. . . los que no creyeron. (Judas 1:5)

Y algunos asentían a lo que se decía, pero otros no creían. (Hechos 28:24)

Bob Kirkland

7

LA PERSEVERANCIA DEL CALVINISMO

LA PALABRA PERSEVERANCIA SE ENCUENTRA UNA SOLA VEZ en las Escrituras. Efesios 6:18 ordena que el creyente esté "orando en todo tiempo con toda oración y súplica en el Espíritu, y velando en ello con toda perseverancia y súplica por todos los santos". Este versículo habla de perseverancia en la oración, y no tiene nada que ver con el perseverar hasta la salvación. El significado de esta palabra según el diccionario y también en el griego quiere decir mantenerse firme en cierto curso de acción.[1]

LA PERSEVERANCIA DE CALVINO *NO* ES SEGURIDAD ETERNA

Muchos cristianos piensan equivocadamente que la teoría calvinista de la "perseverancia de los santos" es sinónimo con la doctrina de seguridad eterna. La doctrina bíblica de seguridad eterna enseña que la persona que ha sido verdaderamente salvo por la gracia de Dios es mantenido seguro eternamente por Su gracia. Dios no ha dejado que nuestro eterno destino dependa de nuestra capacidad de perseverar. Si Dios fuera a hacer esto, sería una salvación por obras.

Calvino, citando Agustino, escribió, "Los que no perseveran hasta el final no pertenecen al llamado de Dios".[2]

Calvino también declaró:

> Lo que ellos (los cristianos de Corinto) habían logrado hasta ahí no significa nada, a menos que siguieran firmes; porque no es suficiente haber empezado en el camino del Señor, si no hicieran un esfuerzo llegar a la meta.[3]

En su libro *Practical Christianity* (*El cristianismo práctico*), A.W. Pink enseñó que "Si hay una reserva en su obediencia, está en el camino al infierno".[4]

Pink también dijo:

> Es necesario algo más que solamente creer en Cristo para asegurar la llegada del alma al cielo".[5]

El ministro reformado John Otis dice que "mantener un espíritu no perdonador . . . seguramente destruirá nuestras almas en el infierno".[6]

En su libro *The Doctrine of Sanctification* (*La doctrina de la santificación*), A.W. Pink dijo:

> Santidad en esta vida es tan parte de nuestra "salvación" que es un *medio necesario* para hacernos capaces de

compartir la herencia de los santos en la luz celestial y la gloria.[7]

El Dr. John Murray, teólogo calvinista y co-fundador del Westminster Theological Seminary, dice:

> Apreciemos la doctrina de la perseverancia de los santos, y reconocer que podemos tener fe en nuestra seguridad en Cristo solamente por perseverar en fe y en santidad hasta el final.[8]

¿EL HOMBRE QUE DIOS UTILIZÓ PARA ESCRIBIR MÁS DE CINCUENTA CAPÍTULOS DE LA BIBLIA NO PERSEVERÓ?

> Y cuando Salomón era ya viejo, sus mujeres inclinaron su corazón tras dioses ajenos . . . su corazón se había apartado de Jehová Dios de Israel . . . él no guardó lo que le mandó Jehová. (1 Reyes 11:4, 9, 10)

El hombre que Dios usó para escribir Proverbios, Eclesiastés y Cantares dejó a Dios para seguir la idolatría y apostasía.

Como vimos, A. W. Pink dijo que "Si hay alguna reserva en su obediencia, está en el camino al infierno". ¿Cómo pueden los calvinistas reconciliar todo esto? ¿Ellos quieren que creamos que Dios predestinó a una persona no salva (no elegida) a escribir Proverbios, Eclesiastés y Cantares; pero que al final, le envió al infierno?

¿QUÉ DE LOS SANTOS QUE NO PERSEVERARON?

1 Corintios 1:2 dice que esta carta fue escrita "a la iglesia" y a los llamados a ser "santos" allí. ¿Cómo cabe la idea de Calvino de la perseverancia de los santos, relacionada con los que Dios repetidas veces llama "carnales"?

1 Corintios 5:13 instruye a los santos de la iglesia local de Corinto a quitar "a ese perverso de entre vosotros". El hecho de no haber tratado el pecado en su iglesia es un ejemplo de una falta en los santos de perseverar, porque toda la iglesia era culpable de no haber tratado con un asunto serio.

De las siete iglesias en Apocalipsis, solo una se encontró aceptable. Según el criterio de Calvino, los miembros de todas esas iglesias iban rumbo al infierno.

La Biblia tiene muchos ejemplos específicos de creyentes que no perseveraron según la teoría de Juan Calvino.

Noé se emborrachó. Abraham mintió, Jacob hizo trampa, Sansón fracasó. David cayó en pecado y causó la muerte de un hombre. Moisés no siguió las instrucciones de Dios, y así no pudo entrar en la tierra prometida. Juan Marcos volvió a casa, Pedro juró y negó a Cristo, y todos los discípulos abandonaron a Jesús. La lista es extensa. Sin embargo, A.W. Pink dijo, "Sin hay alguna reserva en su obediencia, está en el camino al infierno". ¡Eso significa que toda esa gente estaba en el camino hacia el infierno! ¿Y dónde nos encontramos nosotros?

En realidad, no hay ninguna eterna seguridad en la doctrina de la "perseverancia de los santos", porque nadie puede saber, aun al final de su vida, si realmente habría perseverado suficientemente. Desde un punto de vista bíblico, la perseverancia de parte de los santos para lograr la salvación es una posición peligrosa, porque como explica el apóstol Pablo, si uno depende de sus obras, estas no le salvarán.

> . . . sabiendo que el hombre no es justificado por las obras de la ley, sino por la fe de Jesucristo, nosotros también hemos creído en Jesucristo, para ser justificados por la fe de Cristo y no por obras de la ley, por cuanto por las obras de la ley nadie será justificado..
>
> No desecho la gracia de Dios; pues si por la ley fuese la justicia, entonces por demás murió Cristo. (Gálatas 2:16, 21)

Los calvinistas creen que la "perseverancia de los santos", (la "P" de TULIP) les ofrece eterna seguridad; pero en realidad, les da inseguridad en cuanto a su salvación. En este caso, la perseverancia depende de las fuerzas del creyente, en lugar de descansar en las promesas de Dios que nos asegura la vida eterna, basada en lo que El ya ha hecho, no en lo que hacemos. A nosotros nos corresponde creer, arrepentirnos, y poner nuestra confianza en El y Su parte de salvarnos y mantenernos.

La seguridad eterna no da a los creyentes permiso para pecar, como tampoco los padres de la fe podían excusarse por sus pecados y fracasos. Pero lo maravilloso es que en la cruz nuestros pecados se pagaron en su totalidad. Jesús dijo, "Consumado es". Nuestra redención ha sido totalmente pagada. Podemos descansar en la seguridad de nuestra salvación que nos ofrece el Evangelio predicado por los apóstoles y profetas. Pero el calvinismo, aunque depende totalmente de la gracia de Dios para salvación, en realidad ha volteado todo, con la enseñanza de la "perseverancia de los santos". Esto hace que la salvación sea una religión basada sobre las obras, donde la gracia en realidad no es gracia. Con el calvinismo, la responsabilidad de la salvación es sobre el creyente, anulando totalmente la gracia. Pablo explicó todo esto, cuando dijo:

> Y si por gracia, ya no es por obras; de otra manera la gracia ya no es gracia. Y si por obras, ya no es gracia; de otra manera la obra ya no es obra. (Romanos 11:6)

8

SIN NINGUNA SEGURIDAD DE LA SALVACIÓN

AUN EL MISMO JUAN CALVINO NO TENÍA LA seguridad de la salvación. Cuando escribió su último testamento poco antes de su muerte en 1564, declaró:

> También testifico y profeso que humildemente busco de Dios que El quiera que yo sea limpiado y purificado por la sangre del gran Redentor, derramada por los pecados de la raza humana, que me sea permitido pararme delante de Su tribunal bajo la cobertura del mismo Redentor.[1] (Cursiva en original; cursivo subrayado, énfasis añadido)

Juan 3:36 dice:

> El que cree en el Hijo tiene vida eterna; pero el que rehúsa creer en el Hijo no verá la vida, sino que la ira de Dios está sobre él.

Calvino enseñó que él no podría creer a menos que Dios primero lo regenerara y que le diera la fe para creer. No es sorprendente, entonces, que Calvino o cualquier otro calvinista no tuviera la seguridad de la salvación; entonces, tendría que aferrarse a su teoría de la perseverancia de los santos.

Ningún calvinista puede estar seguro de su salvación, porque posiblemente sea predestinado a solo pensar que sea salvo. Los calvinistas no ven nada de malo con el juego mental con las personas referente al "Dios" de Calvino, porque ese "Dios" es glorificado por enviar al eterno infierno billones de personas privadas de opciones.

OTROS CALVINISTAS TRATAN LA PERSEVERANCIA

Como se explicó en el capítulo anterior, el pastor calvinista John Murray dice:

> Podremos tener fe en nuestra seguridad en Cristo solamente mientras perseveremos en la fe y en la santidad hasta el fin.[2]

¿Qué tanta santidad? ¿Estamos hablando de una perfección sin pecado? El teólogo calvinista Charles Hodge (1797-1878), refiriéndose a la elección, dijo:

> La única evidencia de la elección es un llamado eficaz, o sea, el fruto de santidad. Y la única evidencia de un

El calvinismo: Nadie se atreve a llamarlo herejía

llamado genuino y la seguridad de nuestra perseverancia, es un seguimiento paciente de hacer el bien.[3]

Otra vez, Juan Murray declaró:

La perseverancia de los santos nos recuerda fuertemente que sólo los que perseveren hasta el fin son los verdaderos santos.[4]

Hablando de la perseverancia, John MacArthur dice que "puede existir un desertor espiritual que no haya desertado todavía".[5]

"¡ESTABA ATERRORIZADO!"

En un artículo titulado, "La seguridad de la salvación", el muy popular finado maestro calvinista R.C. Sproul (m. 2017) escribió:

Hacía poco tuve un momento de esos . . . de repente la pregunta me azotó: "R.C., ¿qué tal si no eres uno de los redimidos? ¿Qué tal si tu destino no sea de los redimidos? ¿Qué tal si tu destino realmente no sea el cielo, sino el infierno?" Le cuento que mi cuerpo se inundó con un escalo frío que pasó de la cabeza por toda la espina dorsal. Estaba aterrorizado.[6]

No hay ninguna persona en el mundo que cree que Juan Calvino enseñó quién no debía estar aterrorizada sobre la realidad de su salvación.

Prosiguió Sproul:

Empecé a examinar mi vida, y considerar mis desempeños. Mis pecados inundaron mi mente, y mientras más me examinaba, peor me sentía. Pensé, "Posiblemente es realmente así. Tal vez no soy salvo". . . Después, recordé Juan 6:8, cuando Jesús había dado una enseñanza dura, y muchos de Sus seguidores le dejaron. Cuando Él le preguntó a Pedro si también le iba a dejar, Pedro respondió, "Señor, ¿A quién iremos? Tú tienes palabras de vida eterna". En otras palabras, Pedro también estaba incómodo, pero reconoció que estar incómodo con Jesús sería mejor que cualquier otra opción.[7]

¿Incómodo con Jesús? Esto no se alinea con las Escrituras, que prometen paz con Dios, y vida eterna para los que creen en Jesucristo aceptando Su sacrificio en la cruz como el pago de sus pecados. Consideremos los siguientes pasajes:

> Justificados, pues, por la fe, tenemos paz para con Dios por medio de nuestro Señor Jesucristo. (Romanos 5:1)

> Y ésta es la promesa que él nos hizo, la vida eterna. (1 Juan 2:25)

> Y éste es el testimonio: que Dios nos ha dado vida eterna; y esta vida está en su Hijo. (1 Juan 5:11)

> Estas cosas os he escrito a vosotros que creéis en el nombre del Hijo de Dios, para que sepáis que tenéis vida eterna, y para que creáis en el nombre del Hijo de Dios. (1 Juan 5:13)

La "solución" de A.W. Pink para apoyar el calvinismo es cambiar el significado de las palabras a favor de su teoría. La "opción" de Sproul es estar "incómodo con Jesús", que él consideró "mejor que cualquier otra opción". Es muy difícil entender cómo algún cristiano con un entendimiento básico de las Escrituras podría aceptar otro evangelio, uno que no solo es una herejía peligrosa, sino que quita al creyente la seguridad y paz que la Escrituras prometen a todo "el que quiera".

CALVINO ENSEÑÓ QUE DIOS ORDENÓ QUE ADÁN PECARA

Calvino dijo:

> La caída de Adán no fue por accidente, ni por casualidad, sino que fue ordenado por el consejo secreto de Dios.[8]

También dijo que,

> El primer hombre cayó porque el Señor consideró conveniente que lo hiciera.[9]

Edwin Palmer, en su libro, *The Five Points of Calvinism* (*Los cinco puntos del calvinismo*), dice:

> Dios está detrás de todo. El decide y causa que pase toda cosa que ocurra... aún el pecado... Dios ordenó el pecado y la incredulidad.[10]

Loraine Boettner, que abrazó las creencias del calvinismo mientras estudiaba en Princeton (Universidad), en la década de 1920, dijo que "Dios crea los mismos pensamientos e intenciones del alma".[11] R.C. Sproul Jr., (el hijo calvinista de R.C. Sproul), dijo que Dios "deseó que el hombre cayera en el pecado . . . Dios creó el pecado".[12] También A.W. Pink dijo, "(Dios) predestinó que el pecado entrara en el mundo".[13] ¿No es inconcebible que eruditos demostrarán semejante ignorancia sobre la naturaleza y el carácter de Dios? Juan dijo en su carta, "Dios es luz, y no hay ningunas tinieblas en él" (1 Juan 1:5). En otras palabras, no hay absolutamente nada de iniquidad en Dios. Es una blasfemia decir que Dios fuera el autor del pecado o que tuviera algo que ver con el pecado (ver Romanos 3:8).

9

¡PIÉNSELO BIEN!

SEGÚN LA POSICIÓN DEL CALVINISMO QUE DIOS "está detrás de todo", Dios ordenó desde el principio (así lo deseó) que David cometiera adulterio. Sin embargo, Deuteronomio 5:21 dice "No codiciarás la mujer de tu prójimo". Entonces, ¿cómo podría Dios ordenar que David deseara la esposa de su prójimo? Si este cuadro de Dios fuera cierto, El desea que las personas sean "murmuradores, detractores, aborrecedores de Dios, injuriosos, soberbios, altivos, inventores de males, desobedientes a los padres" como dice Romanos 1:30.

Y si el calvinismo es correcto, entonces Dios deseó que los violadores en Génesis 19:5 llegaran buscando abusar a los ángeles que visitaron a Lot. Y en 2 Samuel 13:2, Dios quiso que Amnón violara a su hermana.

Según el calvinismo, Dios deseaba el abuso de cada niño que ha sido violado. Deseaba la muerte de cada persona que ha sido matada. Deseaba la comisión de todo pecado que se ha cometido.

Si eso no se llama herejía, ¿qué más hace falta para merecer este término?

El título de este libro, El calvinismo: Nadie se atreve a llamarlo herejía, puede parecer a algunas personas demasiado fuerte. Pero después de leer las citas y los versículos que he presentado al lector, ¿puede existir una duda del por qué llamamos herejía el calvinismo?

La palabra herejía, desde el punto de vista cristiano, significa desviarse de los fundamentos de la fe bíblica (i.e. el mensaje de la salvación). Si el calvinismo no se ha desviado del mensaje bíblico del Evangelio, no sé qué más se podría añadir. Presenta un "Dios" que es un monstruo que creó billones de personas a quienes El odia, a quienes El ha negado el poder de rechazar o aceptar; y a quienes enviará finalmente a una perdición eterna. Trágicamente, muchos de los que antes habían creído en este "Dios", que ordena el pecado y lo malo, han dejado totalmente la fe, porque no pueden creer en un "Dios" tan lleno de odio y de maldad. El calvinismo no es solamente herejía, sino que es una herejía peligrosa y trágica.

Pink y los demás que apoyan el calvinismo han perdido mucho papel intentando negar que realmente están diciendo que Dios es el Autor del pecado. Pero si Dios previamente ordenó la existencia del pecado, El lo predeterminó. Todo niño que puede leer puede entender lo que Calvino quiso decir cuando dijo que "La caída de Adán no fue por accidente ni por casualidad, sino que fue ordenado por el consejo secreto de Dios".[1]

¿ES POSIBLE QUE UN CRISTIANO SEA HEREJE?

La única vez que la Biblia utiliza la palabra hereje es cuando se refiere a un cristiano. Tito 3:10 dice, "Al hombre que cause divisiones, después de una y otra amonestación deséchalo".

Tito 1:13 dice, " . . . repréndelos duramente, para que sean sanos en la fe". Los capítulos 2 y 3 siguen tratando el orden en la iglesia local, incluyendo la enseñanza de "sana doctrina".

2 Tesalonicenses 3:14-15 dice:

> Si alguno no obedece a lo que decimos por medio de esta carta, a ése señaladlo, y no os juntéis con él, para que se avergüence. Mas no lo tengáis por enemigo, sino amonestadle como a hermano.

En Gálatas 5:7, Pablo dice, "Vosotros corríais bien; ¿quién os estorbó para no obedecer a la verdad?" El los advirtió de no ser culpables de obras de la carne; e incluido en esta lista está "herejías" (versículo 20).

¿CÓMO DEBEMOS TRATAR CON LA HEREJÍA?

La Biblia nos instruye a estudiar las Escrituras para poder conocer la verdad y no avergonzarnos de lo que creemos.

> Procura con diligencia presentarte a Dios aprobado, como obrero que no tiene de qué avergonzarse, que usa bien la palabra de verdad. (2 Timoteo 2:15)

Sobre cómo tratar con las herejías y los que las enseñan, Romanos 16:17 dice:

> Mas os ruego, hermanos, que os fijéis en los que causan divisiones y tropiezos en contra de la doctrina que vosotros habéis aprendido, y que os apartéis de ellos.

Dave Hunt explica en *What Love is This?* (*¿Qué amor es este?*) la importancia de no pasar por alto las enseñanzas falsas y las herejías:

> La historia de la iglesia, desde su más temprana existencia, ha tenido fuertes diferencias de opinión sobre muchos temas vitales, incluyendo el mismo evangelio. Numerosas herejías destructivas han surgido y han sido fuertemente rechazadas. Ni Cristo ni Sus apóstoles consideraban normales ni aceptables posiciones divergentes sobre los esenciales del evangelio, sino que ordenaban a los creyentes a contender "ardientemente por la fe que ha sido una vez dada a los santos" (Judas 1:3). Este mandato se aplica a nosotros hoy en día.[2]

La Biblia no dice, "No se preocupen de la herejía, cuando sea enseñada por sus amigos". Tampoco dice "Permítalos infiltrar sus iglesias y universidades bíblicas, enseñando sus herejías".

10

EN CONCLUSIÓN

EL MATERIAL QUE HE PRESENTADO EN ESTE LIBRO no fue diseñado como un estudio a fondo, sino más bien una orientación para dar un entendimiento básico sobre el calvinismo. Tenemos que enfrentar el tema del calvinismo, porque destruye algunos de los principios más importantes del cristianismo bíblico, incluyendo el amor de Dios, Su misericordia y justicia, y el mismo Evangelio. En esencia, el calvinismo presenta "otro evangelio".

Hay algunos calvinistas que argumentarán que hemos presentado un cuadro falso del calvinismo. Un problema es que hay calvinistas al estilo de Calvino, calvinistas según Thomas Fuller, según Arthur W. Pink, según MacArthur, y calvinistas presbiterianos, bautistas etc. Sería difícil presentar fielmente una versión particular de calvinismo según cada individuo.

Hay muchas personas que se denominan calvinistas, pero que nunca han leído personalmente los *Institutos de la religión cristiana de Calvino*. Solamente están siguiendo a alguien que les enseñó algo de su versión personal del calvinismo. Hay predicadores que han tomado unas clases sobre el calvinismo en alguna universidad bíblica; y después pasan el resto de su vida apoyándolo, porque les había fascinado el profesor que se lo enseñó.

Algunos calvinistas se clasifican como calvinistas de tres o cuatro puntos. Esto es semejante al error de llamarse un católico de dos puntos, porque los católicos creen lo que la Biblia dice sobre el nacimiento virginal de Jesús, y se oponen al aborto.

Para los que apoyan el calvinismo, y que pueden haberse molestado por algunas de las declaraciones que he hecho en este libro, no deben de preocuparse, porque si el calvinismo está en lo cierto, fui predestinado por Dios para escribirlo todo.

APÉNDICE I

¿DEBEN LOS CRISTIANOS EXPONER EL ERROR?

Por Harry A. Ironside

A MENUDO SE LEVANTAN OBJECIONES, AUN POR LOS DE UNA FE SÓLIDA, sobre exponer el error, llamando eso como algo negativo que no edifica. Últimamente, se ha levantado la voz contra toda enseñanza negativa. Pero los hermanos con esta clase de actitud olvidan que una buena parte del Nuevo Testamento, en las enseñanzas del mismo Señor nuestro y las cartas de los apóstoles, se dedica a esta misma clase de ministerio. Demuestran los orígenes satánicos de los sistemas erróneos y los resultados malignos de su propagación. Pedro, en su segunda epístola, los llama "herejías destructivas" (2 Pedro 2:1).

Nuestro Señor profetizó, "Muchos falsos profetas se levantarán, y engañarán a muchos" (Mateo 24:11). ¡Hoy en día, muchos falsos profetas se han levantado, ¡y muchos son engañados! Pablo declaró:

> Porque yo sé que después de mi partida entrarán en medio de vosotros lobos rapaces, que no perdonarán al rebaño. Y de vosotros mismos se levantarán hombres que hablen cosas perversas para arrastrar tras sí a los discípulos. Por tanto, velad. (Hechos 20:29-31)

Mi propia observación es que estos "lobos rapaces", solos o en grupo, no perdonan aun a los rebaños más favorecidos. Los pastores en estos "tiempos peligrosos" harán bien en hacer caso a la advertencia del apóstol:

> Mirad por vosotros, y por todo el rebaño en que el Espíritu Santo os ha puesto por obispos. (Versículo 28)

Es tan importante en estos días como en los de Pablo (de hecho, aún más importante) de exponer las muchas clases de enseñanzas falsas que, por todo lado, abundan más y más.

Somos llamados a contender "ardientemente por la fe que ha sido una vez dada a los santos" (Judas 1:3), mientras guardamos la fe en el amor. La fe quiere decir todo el cuerpo de verdad revelada; y al contender por toda la verdad de Dios, es necesario tener algo de enseñanza negativa. No tenemos ninguna opción. Judas dijo que le habría gustado un tema diferente y más agradable:

> Amados, por la gran solicitud que tenía de escribirlos acerca de nuestra común salvación, me ha sido necesario escribiros exhortándoos que contendáis ardientemente por la fe que ha sido una vez dada a los santos. Porque

algunos hombres han entrado encubiertamente, los que desde antes habían sido destinados para esta condenación, hombres impíos, que convierten en libertinaje la gracia de nuestro Dios, y niegan a Dios el único soberano, y a nuestro Señor Jesucristo. (Judas 1:3-4)

De la misma manera Pablo nos amonesta: "No participéis en las obras infructuosas de las tinieblas, sino más bien reprendedlas" (Efesios 5:11).

Esto no implica de ningún modo un tratamiento duro hacia los que están atrapados por el error. Si se dijera que el exponer error implicara una actitud desconsiderada hacia los que no piensen como nosotros, responderíamos que: siempre ha sido el deber de cada siervo fiel de Cristo advertir contra toda enseñanza que hiciera que El fuera menos precioso o que cuestionara Su obra de redención y Su suficiencia actual para servir como nuestro Sumo Sacerdote y Abogado.

Cada sistema de enseñanza puede juzgarse por lo que presenta como las verdades fundamentales de la fe. "¿Qué pensáis de Cristo?" todavía es la verdadera prueba de cada credo. El Cristo de la Biblia ciertamente no es el Cristo de ningún "ismo" falso. Cada secta tiene su propia caricatura horrible de nuestro hermoso Señor.

Seamos "buenos soldados de Jesucristo", los que hemos sido redimidos a precio de Su preciosa sangre. A medida que la batalla contra las fuerzas de maldad se caliente cada vez más, necesitamos el valor que nos da Dios.

Hay una tentación constante de comprometer la verdad. Pero "Salgamos, pues, a él, fuera del campamento, llevando su vituperio" (Hebreos 13:13). Siempre es correcto pararnos firmes sobre lo que Dios ha revelado sobre la persona y obra de Su amado Hijo. El "padre de la mentira" utiliza verdades a medias; y se especializa en las falacias más sutiles en cuanto al Señor Jesús, nuestro único y suficiente Salvador.

El error es como una levadura de la cual leemos, "Un poco de levadura leuda toda la masa" (Gálatas 5:9). Una verdad mezclada con error es igual a un error total; pero como parece algo inocente, es más peligroso. ¡Dios odia toda mezcla! Cualquier error o mezcla de verdad y error exige ser definitivamente desenmascarado y repudiado. Pasarlo por alto sería ser infiel a Dios y Su Palabra, y sería peligroso para las almas por las cuales Cristo murió.

Exponer el error es una labor muy impopular. Pero desde todo punto de vista, significa que El recibe de parte de nosotros, los comprados por Su sangre, la lealtad que El merece. A nosotros, si consideramos "por mayores riquezas el vituperio de Cristo que los tesoros de los egipcios", nos asegura un futuro galardón de mil por uno. Y para las almas "atrapadas en la trampa del cazador", cuyo número solo Dios sabe, puede significar eterna y abundante luz y vida.[1]

APÉNDICE II

UNA PERSPECTIVA BÍBLICA SOBRE LA SALVACIÓN

EN ESTA VIDA, NINGÚN TEMA PUEDE SER MÁS IMPORTANTE TRATAR que el de la salvación. Los ciudadanos de Berea la examinaban según Hechos 17:11: " . . . recibieron la palabra con toda solicitud, escudriñando cada día las Escrituras para ver si estas cosa eran así". Ellos hicieron dos cosas bien: su actitud noble los motivó a recibir con "solicitud" la instrucción; y utilizaron las Escrituras como su autoridad final. La palabra "Escrituras" es plural, demostrando que comparaban Escritura con Escritura para ver "si estas cosas eran así".

Aunque eso suena elemental (y lo es), la triste realidad es que la naturaleza humana (principalmente la parte pecaminosa) tiende a ser impulsiva. Así que es fácil enfocar cierto versículo o algunas palabras de la

Biblia, y aislarlas de su verdadero significado en la Escritura. Por ejemplo, Jesús dijo que era "el pan de vida" (Juan 6:35), utilizando obviamente una figura retórica. Sin embargo, El enfatizó este punto diciendo, "Porque mi carne es verdadera comida, y mi sangre es verdadera bebida . . . el que me come, él también vivirá por mí" (Juan 6:55,57). Aunque Jesús aclaró Sus palabras al decir, "Éste es el pan que descendió del cielo" (Juan 6:58), comparándose con el maná, Sus discípulos lidiaron con la confusión, discutiendo entre sí qué quería decir Jesús. El hecho es que desde una perspectiva no retórica, comer la carne humana sería una abominación impensable, y la ley prohibía tomar cualquier clase de sangre.

A causa de la profunda confusión de Sus discípulos, Jesús más tarde explicó que pronto ascendería al cielo (Juan 6:62), haciendo imposible el cumplir en forma literal todo lo que El había dicho. También, dijo que "la carne para nada aprovecha", (Juan 6:63) y que las palabras que El pronunció "son espíritu y son vida" (Juan 6:63, figura retórica). En la última cena, Jesús hizo más claro que había estado usando una figura retórica al referirse al pan y a la copa como Su cuerpo y sangre (obviamente imposible literalmente, porque El todavía estaba con ellos). Después dijo, "Haced esto en memoria de mí", (Lucas 22:19), significando que de esta manera, tendrían que recordar Su sacrificio en la cruz. Desafortunadamente, la Iglesia Católica ha cambiado esta celebración por el "sacramento de la Eucaristía", donde lo que salva es la participación en este sacramento. Esto es "otro evangelio", uno basado en la idea de una salvación por obras, y así nunca segura.

De una manera similar procedió Juan Calvino; pero en su caso, se aferró a una sola palabra (la predestinación). Después, en lugar de mirar cuidadosamente la totalidad de las Escrituras para verificar sus preceptos y conclusiones, se concentró en los escritos de Agustino para apoyar sus pensamientos. El resultado, semejante al catolicismo, es "otro evangelio", no basado sobre las Escrituras, sino en el pensamiento confuso y las conclusiones equivocadas de un mero hombre.

Calvino, en lugar de cambiar su punto de vista para alinearlo con la Palabra, cambió el significado de las palabras de las Escrituras para acomodar su vista torcida de Dios y de la salvación.

Miraremos, entonces, las Escrituras que tienen que ver con la salvación. Un buen punto para comenzar sería el capítulo 33 de Ezequiel, donde las mismas palabras de Dios habladas por un profeta, revelan Su corazón sobre el tema del arrepentimiento.

Vino a mí palabra de Jehová, diciendo . . .

A ti, pues, hijo de hombre, te he puesto por atalaya a la casa de Israel, y oirás la palabra de mi boca, y *los amonestarás* de mi parte . . .

Diles: Vivo yo, dice Jehová el Señor, que *no quiero* la muerte del impío, sino *que se vuelva el impío de su camino* y que viva. Volveos, volveos de vuestros malos caminos; *¿por qué moriréis,* oh casa de Israel? . . .

. . . la impiedad del impío no le será estorbo *el día que se volviere de su impiedad* . . . Cuando yo dijere al justo: *De cierto vivirás, y él confiado en su justicia* hiciere iniquidad, todas sus justicias no serán recordadas . . .

Luego dirán los hijos de tu pueblo: No es recto el camino del Señor; *el camino de ellos es el que no es recto.* Cuando el justo se apartare de su justicia, e hiciere iniquidad, morirá por ello. Y cuando el impío se apartare de su impiedad, e hiciere según el derecho y la justicia, vivirá por ello. Y dijisteis: No es recto el camino del Señor. *Yo os juzgaré, oh casa de Israel, y cada uno conforme a sus caminos.* (Ezequiel 33:1, 7, 11-12, 17-20; énfasis añadido)

Para abreviar esta porción, seleccioné solo partes de Ezequiel 33; pero para los que han sufrido las enseñanzas del Calvinismo, valdría la pena leer con cuidado *toda* esta parte de las Escrituras hasta el versículo 20. Estos versículos refutan el calvinismo, si se evita toda clase de manipulación mental para cambiar y torcer el significado de las palabras. Las partes en letra cursiva particularmente demuestran que:

- Dios ha dado libre albedrío a cada persona.

- Todos ya tienen la capacidad que Dios les ha dado para escoger vivir para El o de no hacerlo.

- Nuestro destino, el cielo o el infierno, es nuestra decisión; pero si escogemos el cielo, tenemos que hacerlo cómo ordena Dios; no podemos confiar en nuestra propia justicia para ser salvos.

- Dios no se goza enviando gente al infierno. La decisión es nuestra, no la de El.

- Dios es recto en Su trato con toda la humanidad. El no es un Dios cruel o injusto. Los que hacen un cuadro de El como cruel e injusto (como queriendo enviar a la gente al infierno) son los que no son rectos; o mejor dicho, son blasfemos. Aun el apóstol Pedro dijo que "No hay acepción de personas para con Dios" (Hechos 10:34). Pablo dijo "Porque no hay acepción de personas para con Dios" (Romanos 2:11). (También ver Efesios 6:9 y Colosenses 3:25). En otras palabras, ambos, Pedro y Pablo, están de acuerdo con Ezequiel, que Dios es recto y justo en Su trato con todas las personas. Pero Juan Calvino se opuso a esta verdad, diciendo, "No todos están creados en términos iguales, sino que algunos son predestinados para la vida eterna, otros para la perdición eterna".[1]

- El arrepentimiento es una experiencia anterior a la conversión. Precede a la gracia (del Espíritu Santo en el creyente) que Dios da para poder vivir una vida piadosa.

Ahora, consideremos el ministerio de Juan el Bautista. De él Jesús dijo, "Os digo que entre los nacidos de mujeres, no hay mayor profeta que Juan el Bautista; pero el más pequeño en el reino de Dios es mayor que él" (Lucas 7:28) Las Escrituras también dice de él, "He aquí yo envío mi mensajero delante de tu faz, el cual preparará tu camino delante de ti (Jesús) . . . Bautizaba Juan en el desierto, y predicaba el bautismo de arrepentimiento para perdón de pecados" (Marcos 1:2, 4). Aunque los líderes religiosos se mantenían lejos, muchos pecadores llegaron a Juan y recibieron este bautismo de arrepentimiento. Como indicado aquí, históricamente se arrepintieron como preludio a recibir después a Cristo como su Salvador. Juan el Bautista dijo de Jesús, "Yo a la verdad os bautizo en agua; pero . . . él os bautizará en Espíritu Santo y fuego" (Lucas 3:16). Cuando estas personas todavía eran pecadores, Dios, por medio del ministerio de Juan el Bautista, ofreció el arrepentimiento a todos los que querían.

En Hechos 16:30, el carcelero de Filipos preguntó a Pablo y a Silas, "Señores, ¿qué debo hacer para ser salvo?" Ellos respondieron, "Cree en el Señor Jesucristo, y serás salvo, tú y tu casa" (Hechos 16:31).

Para el calvinista, todo testimonio de una experiencia de conversión tiene que ser cuestionado y examinado. De hecho, ellos dirían que si no estuviera en las Escrituras, semejante testimonio sería totalmente inaceptable. Desde un punto de vista fatalista y de la predestinación, ni el carcelero ni su familia habrían tenido ninguna opción, entonces seguramente todos habrían ido al infierno. Además, sin tener libre albedrío, habrían sido tan degenerados que no habrían podido arrepentirse ni creer. Así es el dilema para el calvinista que es totalmente adoctrinado con las enseñanzas de Calvino. Es una pastilla grande para tragar, y debe tragarse completa.

Desde una perspectiva bíblica, la experiencia de la conversión no es algo forzado ni manipulado, sino que se inicia desde el libre albedrío de la persona con la ayuda del Espíritu Santo. (Recordemos Juan 12:32 cuando Jesús dice que atraerá a todos). El individuo se arrepiente y cree, después "nace de nuevo" del Espíritu Santo. Según el punto de vista calvinista, hay que nacer de nuevo antes de poder arrepentirse y creer. Pero esto es voltear las Escrituras patas arriba y al revés.

Posiblemente el proceso de hacerse cristiano se explicaría mejor con una ilustración:

Es como una persona que camina por una senda equivocada; ella se detiene y se voltea (se arrepiente), y mira hacia la dirección correcta (la fe, lo que Dios pide para el nuevo nacimiento). Nacer de nuevo significa nacer del Espíritu Santo; es como dice Pablo, (Romanos 8:9) que el Espíritu de Dios mora en la persona. Con el Espíritu Santo dentro de la persona, ella empieza a caminar en la nueva dirección. Debe notarse aquí que el arrepentimiento bíblico no quiere decir que tenemos que limpiarnos a nosotros mismos antes de llegar a Cristo. Realmente es reconocer nuestra culpa y nuestra necesidad de un Salvador, para que El transforme nuestras vidas a la imagen del Hijo de Dios. Entonces, caminar en una nueva dirección es el resultado del arrepentimiento y haber creído. Nunca seremos perfectos en esta vida, pero seguimos adelante, viviendo una vida de fe y arrepentimiento, mientras que el Espíritu Santo nos transforme continuamente a la imagen del Hijo.

En resumen, es importante reconocer que nunca entenderemos perfectamente toda la Escritura; pero los fundamentos del Evangelio pueden comprenderse fácilmente. Dios es amor, y no rechazará al que viene a El. Desafortunadamente, muchos llegan al calvinismo porque superficialmente esto parece ofrecer consuelo y seguridad de salvación. Pero como el catolicismo, no hay una verdadera seguridad de la salvación. La salvación se ve como algo predestinado, y así, inaccesible a nuestra decisión o voluntad. El calvinista, cuando esté totalmente adoctrinado en esa creencia, cuestionará durante el resto de su vida si está entre los elegidos o no. Esto no es un camino de fe, sino uno de duda; y es totalmente contrario a las Escrituras. La Palabra dice que podemos andar con una plena seguridad de tener la vida eterna:

Todo aquel que cree que Jesús es el Cristo, es nacido de Dios. (1 Juan 5:1; énfasis añadido)

Y el Espíritu y la Esposa dicen: *Ven*. Y el que oye, diga: Ven. Y el que tiene sed, *venga*; y *el que quiera*, tome del agua de vida gratuitamente. (Apocalipsis 22:17; énfasis añadido)

Estas cosas os he escrito a vosotros que creéis en el nombre del Hijo de Dios, *para que sepáis* que tenéis vida eterna, y para que creáis en el nombre del Hijo de Dios. (1 Juan 5:13; énfasis añadido)

APÉNDICE III

UNA PERSPECTIVA BÍBLICA SOBRE CONTENDER

POR LA FE

> Porque la palabra de Dios es viva y eficaz, y más cortante que toda espada de dos filos; y penetra hasta partir el alma y el espíritu, las coyunturas y los tuétanos, y discierne los pensamientos y las intenciones del corazón. (Hebreos 4:12)

¿CÓMO PUEDE EL CREYENTE, EN FORMA CORRECTA Y AMABLE, (siguiendo el ejemplo de Jesús, Pablo y los discípulos), lidiar con los que introducen enseñanzas falsas en la iglesia?

Al pensar en cómo seguir el ejemplo de Jesús y otros en la Biblia, hay versículos de las Escrituras que forman un bosquejo correcto de cómo demostrar amor y respeto hacia otros, mientras también enfrentar bíblicamente a los que llevan a la iglesia doctrinas herejes.

No creemos que el Nuevo Testamento apruebe una actuación mala u odiosa hacia nadie, pero sí, vemos un patrón consistente en las Escrituras que no pasa por alto los que están enseñando doctrinas o prácticas heréticas. Tenemos que cuidar todo el consejo de Dios, que nos dice mantenernos humildes y con una actitud de gracia (sabiendo que no somos superiores a los demás y que sólo por la gracia de Dios podemos ver cosas espirituales), pero a la vez nos dice que hablemos con valor, confianza, honestidad y fortaleza.

Estamos en una batalla para que el mensaje del Evangelio siga adelante; las almas se están perdiendo, y hay que emplear las palabras apropiadas. A la vez que tenemos consideración por las almas de hombres y mujeres que llevan prácticas y doctrinas falsas y peligrosas, no podemos con consciencia limpia tomar livianamente todo ello, ni tener "conversaciones" conciliadoras o discusiones privadas inútiles.

> La noche está avanzada, y se acerca el día. Desechemos, pues, las obras de las tinieblas, y vistámonos las armas de luz. (Romanos 13:12)

La Biblia dice que el mensaje de la cruz es el poder de Dios para salvación (i.e. la doctrina de Cristo, 2 Juan 1:9-11). Es porque hay un solo camino a la salvación. Cuando las enseñanzas y doctrinas falsas amenazan con disminuir la "doctrina de Cristo", crea una situación muy seria, que no puede tratarse de forma despreocupada.
En vista de este libro sobre el calvinismo que acaba de leer, considere estos versículos sobre cómo el cristiano que contienda por la fe debe hablar y actuar.

> . . . sé ejemplo de los creyentes en palabra, conducta, amor, espíritu, fe y pureza. (I Timoteo 4:12)

> . . . para que ya no seamos niños fluctuantes, llevados por doquiera de todo viento de doctrina, por estratagema de hombres que para engañar emplean con astucia las artimañas de error, sino que siguiendo la verdad en amor, crezcamos en todo en aquel que es la cabeza, esto es, Cristo. (Efesios 4:14-15)

> Por lo cual, desechando la mentira, hablad verdad cada uno con su prójimo . . . (Efesios 4:25)

Ninguna palabra corrompida salga de vuestra boca, sino la que sea buena para la necesaria edificación, a fin de dar gracia a los oyentes. (Efesios 4:29)

. . . os ruego que andéis como es digno de la vocación con que fuisteis llamados, con toda humildad y mansedumbre, soportándoos con paciencia los unos a los otros en amor. (Efesios 4:1-2)

Guardaos de los falsos profetas, que vienen a vosotros con vestidos de ovejas, pero por dentro son lobos rapaces. (Mateo 7:15)

Hermanos, si alguno fuere sorprendido en alguna falta, vosotros que sois espirituales, restauradle con espíritu de mansedumbre, considerándote a ti mismo, no sea que tú también seas tentado. (Gálatas 6:1)

Pero vosotros, amados, tened memoria de las palabras que antes fueron dichas por los apóstoles de nuestro Señor Jesucristo; los que os decían: En el postrer tiempo habrá burladores, que andarán según sus malvados deseos. Éstos son los que causan divisiones; los sensuales, que no tienen al Espíritu. Pero vosotros, amados, edificándoos sobre vuestra santísima fe, orando en el Espíritu Santo, conservaos en el amor de Dios, esperando la misericordia de nuestro Señor Jesucristo para vida eterna. A algunos que dudan, convencedlos. A otros salvad, arrebatándolos del fuego; y de otros tened misericordia con temor, aborreciendo aun la ropa contaminada por su sangre. (Judas 1:17-23)

Al hombre que cause divisiones, después de una y otra amonestación deséchalo, sabiendo que el tal se ha pervertido, y peca y está condenado por su propio juicio. (Tito 3:10-11)

Pero hubo también falsos profetas entre el pueblo, como habrá entre vosotros falsos maestros, que introducirán encubiertamente herejías destructoras, y aun negarán al Señor que los rescató, atrayendo sobre sí mismos destrucción repentina. Y muchos seguirán sus disoluciones, por causa de los cuales el camino de la verdad será blasfemado. (2 Pedro 2:1-2)

Y manifiestas son las obras de la carne, que son: adulterio, fornicación, inmundicia, lascivia, idolatría, hechicerías, enemistades, pleitos, celos, iras, contiendas, disensiones, herejías, envidias, homicidios, borracheras, orgías, y cosas semejantes a éstas; acerca de las cuales os amonesto, como ya os he dicho antes, que los que practican tales cosas no heredarán el reino de Dios. (Gálatas 5:19-21)

Cualquiera que se extravía, y no persevera en la doctrina de Cristo, no tiene a Dios; el que persevera en la doctrina de Cristo, ése sí tiene al Padre y al Hijo. Si alguno viene a vosotros, y no trae esta doctrina, no lo recibáis en casa, ni le digáis ¡Bienvenido! Porque el que le dice: ¡Bienvenido! participa en sus malas obras. (2 Juan 1:9-11)

Amados, por la gran solicitud que tenía de escribiros acerca de nuestra común salvación, me ha sido necesario escribiros exhortándoos que contendáis ardientemente por la fe que ha sido una vez dada a los santos. Porque algunos han entrado encubiertamente, los que desde antes habían sido destinados para esta condenación, hombres impíos, que convierten en libertinaje la gracia de nuestro Dios, y niegan a Dios el único soberano, y a nuestro Señor Jesucristo. Mas quiero recordaros, ya que una vez lo habéis sabido, que el Señor, habiendo salvado al pueblo sacándolo de Egipto, después destruyó a los que no creyeron. (Judas 1:3-5)

Estoy maravillado de que tan pronto os hayáis alejado del que os llamó por la gracia de Cristo, para seguir un evangelio diferente. No que haya otro, sino que hay algunos que os perturban y quieren pervertir el evangelio de Cristo. Mas si aun nosotros, o un ángel del cielo, os anunciare otro evangelio diferente del que os hemos anunciado, sea anatema. Como antes hemos dicho, también ahora lo repito: Si alguno os predica diferente evangelio del que habéis recibido, sea anatema. Pues, ¿busco ahora el favor de los hombres, o el de Dios? ¿O trato de agradar a los hombres? Pues si todavía agradara a los hombres, no sería siervo de Cristo. (Gálatas 1:6-10)

Yo conozco tus obras, y tu arduo trabajo y paciencia; y que no puedes soportar a los malos, y has probado a los que se dicen ser apóstoles, y no lo son, y los has hallado mentirosos; y has sufrido, y has tenido paciencia, y has trabajado arduamente por amor a mi nombre, y no has desmayado. (Apocalipsis 2:2-3)

[Y] esto a pesar de los falsos hermanos introducidos a escondidas, que entraban para espiar nuestra libertad que tenemos en Cristo Jesús, para reducirnos a esclavitud, a los cuales ni por un momento accedimos a someternos, para que la verdad del evangelio permaneciese con vosotros. (Gálatas 2:4-5)

[Instrucciones de Jesús a Sus discípulos antes de Su muerte y resurrección]: Id; he aquí yo os envío como corderos en medio de lobos. No llevéis bolsa, ni alforja, ni calzado; y a nadie saludéis por el camino. En cualquier casa donde entréis, primeramente decid: Paz sea a esta casa. Y si hubiere allí algún hijo de paz, vuestra paz reposará sobre él; y si no, se volverá a vosotros. Y posad en aquella misma casa, comiendo y bebiendo lo que os den; porque el obrero es digno de su salario. No paséis de casa en casa. En cualquier ciudad donde entréis, y os reciban, comed lo que os pongan delante; y sanad a los enfermos que en ella haya, y decidles: Se ha acercado a vosotros el reino de Dios. Mas en cualquier ciudad donde entréis, y no os reciban, saliendo por sus calles, decid: Aun el polvo de vuestra ciudad, que se ha pegado a nuestros pies, lo sacudimos contra vosotros. Pero esto sabed, que el reino de Dios se ha acercado a vosotros. Y os digo que en aquel día será más tolerable el castigo para Sodoma, que para aquella ciudad. (Lucas 10:3-12)[1]

El calvinismo: Nadie se atreve a llamarlo herejía

NOTAS FINALES*

INTRODUCCIÓN

1. James Strong, *Strong's Concordance* (Grand Rapids, MI: Baker Books, 1982), p. 480. and Joseph H. Thayer, *Thayer's Greek/English Lexicon of the New Testament* (Grand Rapids, MI: Baker Books, 7th printing, 1982), p. 16. Also see at: https://www.blueletterbible.org/lang/Lexicon/Lexicon.cfm?strongs=G141&t=KJV.

2. John Calvin, *Institutes of the Christian Religion,* Vol. 3, (Orlando, Signalman Publishing, from the 4th edition, 2009, Kindle edition), Chapter 21, section 5, Kindle location 17221; also available at Christian Classics Ethereal Library (https://www.ccel.org/ccel/calvin/institutes.v.xxii.html).

CAPÍTULO 1: DE DÓNDE VINO LA TEOLOGÍA DE CALVINO

1. John Calvin, *Concerning the Eternal Predestination of God* (Louisville, KY: Westminster John Knox Press edition, 1997), p. 63.

2. Stewart Sutherland, Leslie Houlden, Peter Clarke, and Friedhelm Hardy, *The World's Religions* (England, Routledge Companion Encyclopedias, 1988), p. 162.

3. Augustine, *The Writings Against the Manichaeans and Against the Donatists, Part II—The Donatists* (Devoted Publishing edition, 2017), p. 333; also available at Christian Classics Ethereal Library (https://www.ccel.org/ccel/schaff/npnf104.v.vi.viii.html).

4. Augustine, Edited by Philip Schaff, *A Treatise on the Merits and Forgiveness of Sins, and on the Baptism of Infants* (Aeterna Press, 2014 edition), p. 30.

5. Ibid., p. 29.

6. Ibid., p. 112.

7. Augustine, Edited by Philip Schaff, *A Treatise on the Merits and Forgiveness of Sins, and on the Baptism of Infants* (Kindle edition, published by Amazon Digital Services), Chapter 8, Kindle location 3350.

8. Augustine, *On Nature and Grace* (Pickerington, OH: Beloved Publishing, 2014), pp. 35-36.

9. For example, in *City of God* (Start Publishing e-edition 2012, Kindle edition), Augustine states on p. 533: ". . . it more evidently appears that some shall in the last judgment suffer some kind of purgatorial punishments."

10. Augustine, *Against the Fundamental Epistle of Manichaeus,* (JehuBooks. A.D. 397, Kindle edition), Kindle location 89, Chapter 5. Also in the print edition of *Against the Epistle of Manichaeus Called Fundamental* by CreateSpace Independent Publishing Platform, June 7, 2015, p. 13.

11. Augustine and Chrysostom, Edited by Philip Schaff, *Nicene and Post-Nicene Fathers*, Volume 1-14 (Ephesians Four Group, 2015 edition, Kindle edition), Kindle location, 106761.

12. John Calvin, *Commentary on the Book of Psalms* (Amazon Digital Services LLC, 2011 edition, Kindle Edition), Kindle locations 939-943.

13. Dave Hunt, *What Love Is This?* (Bend, OR: The Berean Call, 2013, 4th edition), p. 42. Hunt writes: "Most of those today, including evangelical leaders who hold Calvin in great esteem, are not aware that they have been captivated by the writings of a devout Roman Catholic, newly converted to Luther's Protestantism, who had broken with Rome only a year before. Oddly, Calvin kept himself on the payroll of the Roman Catholic Church

---

*Los nombres de autores y títulos no han sido traducidos en esta sección, ya que los títulos traducidos al español pueden variar mucho de su traducción literal del inglés. A causa de los cambios constantes de la internet, los websites anotados aquí también pueden presentar variaciones.

for nearly a year after he claimed to have been miraculously delivered from the "deep slough" of "obstinate addiction to the superstitions of the papacy."

CAPÍTULO 2: EL ESTILO DE VIDA DE JUAN CALVINO

1. Bernard Cottret, *Calvin: A Biography* (Grand Rapids, MI: Eerdmans Pub. Company, English translation, 2000), p. 181.

2. To read more about Gruet's execution and other Calvin-era executions, read Preserved Smith's (1880-1941) *The Age of the Reformtaion* (New York, NY: Henry Holt and Company, 1920); see page 120 for information about Gruet.

3. J. M. Robertson, *A Short History of Freethought, Ancient and Modern,* Vol. I (London: Owlfoot Press, 1914), p. 352; citing partly from: "Stähelin, i, 400. Henry avows that Gruet was 'subjected to the torture morning and evening during a whole month' (Eng. tr. ii. 66). Other biographers dishonestly exclude the fact from their narratives."

4. "The Murder of Michael Servetus" (http://www.bcbsr.com/topics/servetus.html). Also see *The Ridpath Library of Universal Literature,* Vol. 5, p. 89 by John Clark Ridpath documenting actual letters from Calvin discussing the fate of Servetus.

5. J. M. Robertson, *A Short History of Freethought, Ancient and Modern,* Vol. I, op. cit., p. 354.

6. Will Durant, *The Story of Civilization: The Reformation,* Vol. VI (New York, NY: Simon & Schuster, 1957), pp. 482-484.

7. Dave Hunt, *What Love is This?,* op. cit., p. 79.

8. Brenda Nickel, featured in the documentary film, *Wide is the Gate,* Vol. 2 (Produced by Caryl Productions; available through Lighthouse Trails or The Berean Call; trailer for the film: http://www.lighthousetrails.com/home/29-wide-is-the-gate-dvd-volume-2-the-emerging-new-christianity.html). Her online book on Calvinism, which includes biography on her years as a Calvinist, can be accessed at www.CalvinismNoMore.com.

9. Bernard Cottret, *Calvin: A Biography,* op. cit., p. 208.

10. Dave Hunt, *What Love Is This?*, op. cit., p. 74; partly citing Williston Walker from *John Calvin: The Organizer of Reformed Protestantism* (New York, NY: Schocken Books, 1969), pp. 259 and 107.

11. Ibid., p. 72

CAPÍTULO 3: CAMBIANDO EL SIGNIFICADO DE LAS PALABRAS PARA PROMOVER UNA TEORÍA

1. "Arthur Pink," Wikipedia, https://en.wikipedia.org/wiki/Arthur_Pink.

2. A. W. Pink, *The Sovereignty of God* (Blacksburg, VA: Wilder Publications, 2008), p. 160.

3. Ibid., p. 163.

4. M.G. Easton, *Illustrated Bible Dictionary* (New York, NY: Harper & Brothers, 1893, Scholar Select scanned edition), p. 641.

5. A. W. Pink, *The Sovereignty of God,* op. cit., p. 163.

6. Ibid., p. 82.

7. Ibid.

8. Gordon H. Clark, *Predestination* (Phillipsburg, NJ: Presbyterian and Reformed Publishing, 1987), p. 102.

9. A.W. Pink, *The Sovereignty of God*, op. cit., p. 113.

10. Arthur Custance, *The Sovereignty of Grace* (P & R Press; First Edition, 1979), p. 18; also at: http://www.custance.org/Library/SOG/Part_I/Chapter2.html#Page5.

11. A.W. Pink, *The Sovereignty of God*, op. cit., p. 57.

12. Sam Storms, *Chosen for Life: The Case for Divine Election* (Wheaton, IL: Crossway Books, a ministry of Good News Publishers, revised and expanded edition, 2007), p. 77.

13. Herman Hoeksema, *Whosoever Will* (Grand Rapids, MI: Eerdman's Publishing Company, First Edition 1945, reprinted 1973), p. 14.

14. Kenneth Talbot and Gary Crampton, *Calvinism, Hyper-Calvinism and Arminianism* (Lakeland, FL: Whitefield Media Publishing, 3rd Edition, 1990), p. 40.

15. A.W. Pink, *The Sovereignty of God*, op. cit., p. 120.

LO QUE SIGNIFICA "T.U.L.I. P." (SU SIGLA EN INGLÉS)

1. Dave Hunt, *T.U.L.I.P. and the Bible: Comparing the Works of Calvin With the Word of God* (Bend, OR: The Berean Call, 2012), p. 146.
2. Ibid., p. 171.

CAPÍTULO 4: UNA ANALOGÍA TONTA PARA APOYAR AL CALVINISMO

1. John Calvin, *Concerning the Eternal Predestination of God*, op. cit., p. 63.

CAPÍTULO 5: CREADOS PARA ESCOGER Y RAZONAR

1. A.W. Pink, *The Sovereignty of God*, op. cit., p. 113.
2. Lorraine Boettner, *The Reformed Doctrine of Predestination* (Phillipsburg, NJ: Presbyterian and Reformed Publishing Company, 1932, 14th printing), page 101, citing Augustine.
3. John Calvin, *Institutes of the Christian Religion*, Vol. 3, op. cit., chapter 21, section 5, Kindle location 17221.
4. Charles H. Spurgeon, "Christ's First and Last Subject" (Sermon #329, https://www.spurgeon.org/resource-library/sermons/christs-first-and-last-subject#flipbook). While Spurgeon was a Calvinist and held strongly to the "doctrine of election," one can see, by reading his sermons, the conflict he apparently had with Scripturas que claramente refutan al Calvinismo. As Dave Hunt said, "[Spurgeon] was torn between his evangelist's heart that desired the salvation of all and his Calvinistic beliefs.... Sometimes he seemed to contradict himself almost within the same breath." Dave Hunt, *What Love is This?, op. cit.*, pp. 19-20, partly citing Spurgeon's "Number One Thousand; Or, 'Bread Enough and to Spare,'" http://www.blueletterbible.org/Comm/charles_spurgeon/sermons/1000.html).

CAPÍTULO 7: LA PERSEVERANCIA DEL CALVINISMO

1. *The American Heritage Dictionary of the English Language* (Boston, MA: Houghton Mifflin Company, 1981 edition), p. 978.

2. John Calvin, *Calvin's Calvinism: God's Eternal Predestination and Secret Providence* (Reformed Free Publishing Association, Kindle edition from the 2009 2nd edition), Kindle location 532.

3. John Calvin, *The First Epistle of Paul the Apostle to the Corinthians* (Grand Rapids, MI: Eerdmans Publishing Company, 1960), p. 197.

4. A.W. Pink, *Practical Christianity* (Zeeland, MI: Reformed Church Publications, 2009), p. 16.

5. A. W. Pink in December 1947, cited in Iain H. Murray's *The Life of Arthur W. Pink* (Carlisle, PA: The Banner of Truth Trust, 1981 edition), pp. 248-249.

6. John Otis, "Who is the Genuine Christian?" (The Counsel of Chalcedon, 1988), p. 20; article on file with publisher.

7. A. W. Pink, *The Doctrine of Sanctification* (Prisbrary Publishing, Kindle edition, Arthur Pink Collection Book 16), Kindle location 374, citing Puritan Walter Marshall, 1692. This book is also available on Amazon in a print edition published by CreateSpace Independent Publishing Platform, July 9, 2016, and the quote is found on page 27.

8. John Murray, *Redemption Accomplished and Applied* (Grand Rapids, MI: Eerdmans Publishing Co. 2015 edition), p. 164.

CAPÍTULO 8: SIN NINGUNA SEGURIDAD DE LA SALVACIÓN

1. Norman F. Douty, *The Death of Christ* (Irving, TX: Williams & Watrous Pub. Co., Revised and Enlarged Edition, 1978), p. 176, citing John Calvin from F. F. Bruce's "Answers and Questions," Questions 1331, in *The Harvester* (Exeter) January 1966.

2. John Murray, *Redemption Accomplished and Applied*, op. cit.

3. Charles Hodge, *A Commentary on the Epistle to the Romans* (Grand Rapids, MI: Eerdman's Publishing, 1983 edition), p. 292.

4. John Murray, *Redemption Accomplished and Applied*, op. cit., p. 165.

5. Philip F. Congdon, "Soteriological Implications of Five-Point Calvinism" (*Journal of the Grace Evangelical Society*, Autumn 1995, Volume 8 | No. 15, https://faithalone.org/wp-content/uploads/1995/09/Journal-of-the-Grace-Evangelical-Society-Vol.8-Autumn-1995-No.15small.pdf), p. 63.

6. R. C. Sproul, "Assurance of Salvation" (Tabletalk, Ligonier Ministries, Inc., 1989), p. 20; cited in Dave Hunt's book, *What Love is This?*, op. cit., from chapter 29, endnote #25.

7. Ibid.

8. John Calvin, *Calvin's Calvinism*, op. cit., Kindle location 3796.

9. John Calvin, *Institutes of the Christian Religion*, op., cit., Kindle location 17793.

10. Edwin H. Palmer, *The Five Points of Calvinism* (Grand Rapids, MI: Baker Books, Enlarged Edition, 1980, 24th printing, 2005), pp. 25, 102.

11. Loraine Boettner, *The Reformed Doctrine of Predestination,* op, cit., p. 32.

12. R.C. Sproul Jr., *Almighty Over All* (Grand Rapids, MI: Baker Books, 1999, Second printing, July 1999), pp. 53-54.

13. A. W. Pink, *The Sovereignty of God,* op. cit., p. 201.

CAPÍTULO 9: ¡PENSARLO BIEN!

1. John Calvin, *Calvin's Calvinism*, op. cit., Kindle location 3796.
2. Hunt, Dave. *What Love is This?*, op. cit., p. 29.

CHAPTER 10: EN CONCLUSIÓN

1. David Cloud, *The Calvinist Debate* (Port Huron, MIWay of Life Literature, 2006, https://www.wayoflife.org/free_ebooks/downloads/CalvinismDebate.pdf), p. 12.

APÉNDICE I: ¿LOS CRISTIANOS DEBEN EXPONER EL ERROR?

1. Henry Allen "Harry" Ironside (October 14, 1876—January 15, 1951) was a Canadian-American Bible teacher, preacher, theologian,

pastor, and author. You may read more articles by him at www.harryironside.com. His writings are in the public domain. Lighthouse Trails has published a number of his writings.

APÉNDICE II: UNA PERSPECTIVA BÍBLICA SOBRE LA SALVACIÓN

1. See endnote #2, Introduction.

APÉNDICE III: UNA PERSPECTIVA BÍBLICA SOBRE CONTENDER POR LA FE

1. This appendix is from the booklet *Three Vital Questions on Navigating Discernment* written by Harry Ironside, Paul Proctor, and the editors at Lighthouse Trails (available at www.lighthoustrails.com).

Bob Kirkland

What Love is This?

An In-depth study on Calvinism

by Dave Hunt

Discussions with many people around the world reveal that multitudes of sincere, Bible-believing Christians are "Calvinists" only by default. It takes only a few simple questions to discover the fact that most of those who regard themselves as Calvinists are largely unaware of what John Calvin and his early followers of the sixteenth and seventeenth centuries actually believed and practiced. Nor do they fully understand what most of today's leading Calvinists believe. *What Love Is This?* exposes the true beliefs of Calvinism and addresses all the issues surrounding this doctrine. **Published by The Berean Call | Available through TBC, Lighthouse Trails, or most major book outlets. Retail $23.95 | 546 pages, 4th Edition**

SOME OF THE TOPICS THIS BOOK ADDRESSES:

- Is Biblical Understanding Reserved for an Elite?
- John Calvin and His Institutes
- Calvinism's Surprising Catholic Connection
- Irresistibly Imposed "Christianity"
- Arminius, Dort, Westminster, and Five Points
- Total Depravity
- The Solemn Issue: God's Character
- The Truth about Human Depravity
- A Distorted Sovereignty
- Sovereignty and Free Will
- Foreknowledge and Man's Will
- Erasmus and Luther in Debate
- The Bondage of the Will?
- Unconditional Election
- Is Salvation Available to All?
- Foreknowledge and Predestination/Election
- Limited Atonement
- Abusing God's Word
- Irresistible Grace
- When Grace Isn't Grace
- Grace and Human Responsibility
- Calvinism's Errors Are Serious

"Un mensaje urgente a la iglesia de los postreros días"

El Buen Pastor llama

Por Roger Oakland

DESDE LA LLEGADA del milenio, especialmente desde el 11 de septiembre del 2001, cuando los Estados Unidos fue atacado por terroristas, desatando un cambio gigantesco espiritual mundial, el cristianismo que lo habíamos conocido ha experimentado un desmoronamiento tremendo. Mientras muchos dicen que el cristianismo está próximo a un gran avivamiento, y aun una "nueva reforma", en realidad estamos observando la apostasía más grande en la historia del mundo moderno.

El Buen Pastor llama da claridad sobre la apariencia de este engaño, por qué ocurre, hacia dónde va, y qué se puede hacer para advertir a creyentes y a no creyentes por igual.

$14.95/ 288 páginas/descuentos para pedidos en cantidad. Pedidos: de Lighthouse Trails, sitios de ventas de libros por internet, y también librerías de almacén.

OTRA LIBROS POR LIGHTHOUSE TRAILS

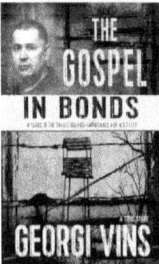

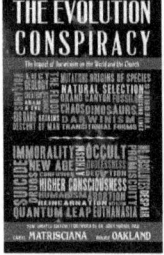

For a complete listing of all Lighthouse Trails books, booklets, DVDs, CDs, and more, request a catalog by calling or writing, or visit our website at www.lighthousetrails.com.

Para pedir copias adicionales de:
El calvinismo: Nadie se atreve a llamarlo herejía, favor enviar $11.95 por copia, mas el costo de envío a:
Lighthouse Trails Publishing
P.O.Box 908
Eureka, MT 59917
(Costos de envío en EE.UU.: $3.50 para 1 libro; $5.25/2-3 libros; $10.95/4-20 libros)

También libros pueden pedirse de Lighthouse Trails Publishing por www. lighthousetrails. com. Para una lista completa de los recursos disponibles de Lighthouse Trails, favor pedir catálogo gratis. Para costos de 10 copias o más (con el 40% de descuento), favor contactar Lighthouse Trails Publishing por teléfono, internet o fax. También se puede pedir copias individuales o en cantidad en www. lighthousetrails. com, o por llamar nuestra línea 866-876-3910 (gratis en EE.UU. o Canadá) y también 406-889-3610; fax 406-889-3633.

El calvinismo: Nadie se atreve a llamarlo herejía, y otros libros por Lighthouse Trails Publishing, pueden pedirse en los EE.UU. a través de librerías principales, distribuidores de libros, ventas por internet, y librerías cristianas en los EE.UU. Las librerías pueden pedir directamente de Ingram, SpringArbor, Anchor, o de Lighthouse Trails. Las bibliotecas pueden hacer sus pedidos a través de Ingram.

Favor visitar nuestro sitio de investigación en www. lighthousetrailsresearch. com.

www.ingramcontent.com/pod-product-compliance
Lightning Source LLC
Chambersburg PA
CBHW070616050426
42450CB00011B/3069